ORDONNANCES, STATUTS ET REGLEMENTS

DES MARCHANDS DE VINS de la Ville & Fauxbourgs de Paris.

A PARIS,
De l'Imprimerie de JACQUES VINCENT, rue S. Severin, à l'Ange,

M. DCC. XXXII.

EDIT DU ROY HENRY III.

de l'année 1585. registré au Parlement le 27. Juin 1587.

Qui érige les Marchands de Vins en Corps, Communauté & Confrairie, gouvernée par quatre Maîtres & Gardes, avec les mêmes fonctions des Maîtres & Gardes des autres Marchandises.

HENRY, par la grace de Dieu, Roy de France & de Pologne : A tous presens & à venir, SALUT. Nos bien amez les Marchands de Vins en gros, Taverniers, Hosteliers & Cabaretiers, Bourgeois de notre bonne Ville & Fauxbourgs de Paris, Nous ont, par leur Requête presentée en notre Conseil d'Etat, fait remontrer que de tout tems & ancienneté il leur a esté permis faire & disposer de leurs vins, lies & Marchandises comme bon leur a semblé, & même de faire de leursdits vins gâtez & lies des vinaigres pour les vendre & débiter en gros, ayant toûjours joüy de cette liberté, qui leur a esté confirmée par nosdites Lettres Patentes du dixiéme Juillet mil cinq cens soixante-sept, & Arrêt de notre Cour de Parlement de Paris, contradictoirement donné sur l'enterinement d'icelles le huitiéme de Janvier mil cinq cens soixante-neuf, avec les Maîtres Vinaigriers de ladite Ville ; & encore par autre confirmation de leurs Privileges du mois de

Juillet mil cinq cens soixante-quatre, verifiez ; & pour leur continuer la liberté ci-dessus, & de vendre desdits vins en gros & détail, ils nous auroient depuis payé finance, & chacun d'eux obtenu Lettres Patentes pour la jouissance de ce que dessus : neanmoins les Jurez Vinaigriers de notredite Ville & Fauxbourgs, qui sont unis en Corps & Communauté, auroit le dixiéme de Mars mil cinq cens quatre-vingt-un, obtenu défenses de notredite Cour, par lesquelles il est interdit ausdits Supplians d'avoir aucuns pressoirs ny presses en leurs maisons, pour presser les lies provenantes de leursdits vins pour en faire vinaigre, lesquelles auroient été données sans consideration de ce que dessus, & par l'industrieuse poursuite desdits Vinaigriers, & faute de sollicitation & remontrance desdits Marchands, qui étant divisez & non unis en Corps, ne se sont la plûpart souciez de défendre la justice de leur cause, laquelle est jointe au bien public, attendu que c'est leur ôter le moyen de se servir de leursdits vins gâtez & lies, d'icelles faire vinaigre dont ils peuvent faire beaucoup meilleur marché que lesdits Vinaigriers, qui veulent les contraindre de passer à leur misericorde par leurs abus & monopoles, dont il a été amplement informé par autorité de ladite Cour, étans lesdits Vinaigriers de si mauvaise foi, que ce qui justement vaut un écu ils n'en offrent pas cinq sols, & le plus souvent rien, de sorte qu'ils contraignent les Marchands de Vins, Taverniers, Hôteliers & Cabaretiers de ladite Ville & Faubourgs, de jetter leursdits vins gâtez & lies, ce qui leur tourne à un extrême dommage & ruine, & ôte le moyen de supporter les pertes qui ordinairement leur viennent en la voiture & conduite de leursdits vins, desquels bien souvent la plûpart se gâte, tourne & aigrit, tant par la chaleur intemperée du temps aux voitures de charrois par terre & par eau qu'autrement, & ne leur peuvent plus servir qu'à faire des vinaigres ; ce que nous ayant été remontré, nous leur aurions sur cette consideration, & que lesdits Marchands de Vins sont beaucoup plus favorables au bien public, & leur trafic plus necessaire & recommandable que desdits Vinaigriers, par autres nos Lettres Patentes du quatriéme Janvier mil cinq cens quatre-vingt-deux, voulu & ordonné que tant lesdits Marchands que tous autres des autres Villes & lieux de ce Royaume, pourroient convertir en vinaigre, tant leursdits vins amer, poussez & estonnez, que les lies qu'ils auront procedans des vins par eux vendus & débitez, & permis d'avoir à cette fin en leurs maisons des pressoirs, tant à vis qu'à baculs, & autres ustansiles necessaires, & du gros faire cendres gravelées, pour le tout vendre en gros, & à cette fin levé & ôté les défenses susdites, à la charge de prendre par lesdits Marchands nos Lettres Patentes pour la joüissance de ladite permission, lesquelles Lettres sont demeurées sans effet, pour n'avoir l'enterinement d'icelles été poursuivi, & cependant demeurent en ladite perte & incommodité, nous supplians & requerans, attendu qu'il appert de ce que dessus, par les pieces cy-attachées, que lesdits Supplians nous ont payé finance pour vendre vin en gros & en détail, jouir de leurs privileges & libertez, qui leur demeurent inutiles, à cette occasion que le public a interêt d'avoir le bon vinaigre à beaucoup meilleur prix, que lesdits Vinaigriers qui commettent plusieurs abus, joint qu'ils n'ont aucun interêt en ce fait, attendu aussi que lesdits Marchands de Vins se contentent de vendre leursdits vinaigres en gros aux Forains seulement, que c'est leur donner moyen de supporter les pertes qu'ils font ordinairement, & empescher qu'ils ne gâtent & perdent leursdits vins gâtez & lies, comme ils sont contraints, à leur grand regret, perte & dommage; il nous plût leur continuer & confirmer, & partant que besoin seroit de donner & octroyer lesdites permissions, selon qu'il est contenu cy-dessus, offrant pour ce nous payer telle finance moderée qu'il sera raisonablement avisé; & pour la manutention & conservation de leursdits privileges, & obvier aux abus qui se pourroient commettre, les établir en Corps & Communauté, avec liberté d'élire quatre Maîtres Gardes dudit Etat, de deux en deux ans, ainsi qu'il se fait par les autres Communautez de notredite Ville de Paris. SÇAVOIR FAISONS, qu'après avoir consideré ce que dessus, & fait voir nosdites Lettres Patentes desdits dixié-

Extrait des registres du Parlement.

Prononcé le 28. Juin 1587.

VEU par la Cour les Lettres Patentes du Roy en forme de Chartres, données à Paris au mois de Décembre mil cinq cens quatre-vingt-cinq, signées sur le repli, par le Roy, DE NEUFVILLE ; par lequel ledit Seigneur permet aux Marchands de Vins en gros, Taverniers, Hôteliers, Cabaretiers & Bourgeois de cette Ville & Fauxbourgs de Paris, de convertir en vinaigres tous les vins amers, poussez & estonnez, comme aussi les lies procedantes des vins qu'ils auront achetez, vendus & débitez ; & pour cet effet qu'ils pourront avoir en leurs maisons pressoirs, tant à vis qu'à bacule, & des sacs & ustansiles, pour ce necessaires autant qu'ils en auront besoin, & du gros qui en proviendra faire cendres, gravelées, ou autrement l'employer selon qu'ils aviseront pour lesdits vinaigres, cendres & autres choses vendre en gros aux Forains seulement, sans qu'ils en puissent débiter en detail en ladite Ville & Fauxbourgs de Paris, ainsi qu'il est plus au long contenu esdites Lettres. Requête presentée par les Maîtres Jurez Vinaigriers de cettedite Ville, le vingt-deuxiéme Avril ensuivant, pour être reçûs opposans à la vérification desdites Lettres. Arrêt du dernier jour de Juin mil cinq cens quatre-vingt-six, par lequel auroit été ordonné que lesdites Lettres Patentes seroient communiquées aux Officiers du Roy au Châtelet, & au Prevôt des Marchands & Eschevins de cette Ville de Paris, pour sur icelles donner leur advis, & qu'il seroit informé d'office à la requête dudit Procureur Général, sur commodité ou incommodité que peut apporter au Public la permission de pouvoir par lesdits Marchands de Vins, Hôteliers, Cabaretiers, Taverniers, & Habitans de cettedite Ville, avoir & tenir en leurs maisons pressoirs, tant à vis qu'à bacule, sacs & autres ustansiles

siles necessaires pour faire & convertir en vinaigre & gravesées leurs vins & lies. Enquête d'office faite à la requête dudit Procureur Général, suivant ledit Arrêt Advis donné tant par les Officiers du Châtelet, que par les Prevôt des Marchands & Eschevins. Requêtes respectivement presentées, tant par lesdits Demandeurs que lesdits Maîtres Jurez Vinaigriers, les seize & dix-septiéme Mars dernier passé, contenant les offres y mentionnées. Moyens de nullitez proposez par lesdits Maîtres Jurez Vinaigriers contre ladite Enquête d'office, & tout ce que par lesdites Parties a été produit par-devers le Commissaire à ce député. Conclusions du Procureur Général du Roy, & tout consideré : DIT A E'TE', que ladite Cour, sans avoir égard à l'opposition desdits Vinaigriers, a ordonné & ordonne que lesdites Lettres Patentes obtenues par lesdits Demandeurs, seront enregistrées en icelle ; oüy le Procureur Général du Roy, pour jouir par lesdits impetrans du contenu en icelles ; & en ce faisant, leur sera loisible de convertir en vinaigre tous les vins amers, poussez & estonnez, & les lies procedans des vins qu'ils auront achettez, vendus & débitez ; & pour cet effet, pourront avoir en leurs maisons des pressoirs, tant à vis qu'à bacule, & des sacs & ustansiles pour ce necessaires, autant qu'ils en auront besoin, & du gros qui en proviendra faire cendres, gravelées, ou ce que bon leur semblera, à la charge de vendre lesdits vinaigres, cendres & autres choses susdites en gros, aux Forains seulement, sans qu'ils les puissent vendre en détail en ladite ville & Fauxbourgs. Ordonne la Cour que les deniers qui proviendront par le moyen de la faculté & permission mentionnée esdites Lettres, seront employez au fait des guerres & urgentes necessitez des affaires du Roy, & sans dépens. PRONONCE' le vingt-huitiéme Juin mil mil cinq cens quatre-vingt-sept. Ainsi signé, LALLEMENT.

EDIT DU ROY,

Du neuviéme Septembre 1587.

HENRY par la grace de Dieu, Roy de France & de Pologne; A tous presens & à venir, SALUT. Desirant pourvoir & empêcher à l'avenir que les abus & malversations qui se peuvent commettre en la composition des vinaigres, cendres, gravelées faites, vendues & débitées en notre Ville de Paris ne s'y continuassent, en permettant par notre Edit du mois de Decembre mil cinq cens quatre-vingt-cinq, verifié en notre Cour de Parlement de Paris, le vingt-septiéme Juin mil cinq cens quatre-vingt sept dernier, aux Bourgeois Marchands vendans vins en gros, Taverniers & Cabaretiers de notre Ville & Fauxbourgs d'icelle, de convertir leurs vins amers, poussez & estonnez esdits vinaigres, & des lies & gros d'iceux faire cendres & gravelées; & à ces fins avoir & tenir en leurs maisons les pressoirs & autres choses necessaires, engins, personnes pour en faire la distribution aux Etrangers seulement; Nous leur aurions aussi permis pour l'entretenement & négociation de leur trafic, de s'assembler & composer, de ceux qui en auroient de nous pris possession, & satisfait à notre Edit, un Corps, Confrairie & Communauté, même d'elire de deux en deux ans, quatre Maîtres-Gardes Jurez dudit Métier, qui feront les visites sur les autres Maîtres ouvriers, exercice & pratique d'iceluy, & pour le policer & regler comme sont tous les autres Etats, Métiers & Communautez de notredite Ville. Leur aurions semblablement permis de faire dresser, mettre & rédiger par écrit les Statuts, Reglemens, Constitutions, Privileges & Ordonnances qu'ils jugeroient être entr'eux requises, civiles & necessaires pour la conservation de leurdit Métier &

trafic. Ce qu'ils auroient fait, & à Nous presenté les Articles d'iceux pour les approuver & autoriser : Mais auparavant que ce faire, d'autant que cela est un fait de Police dont le Prevôt de notredite Ville, ou son Lieutenant Civil, est Juge naturel & ordinaire, Nous luy aurions renvoié lesdits Articles, ensemble la Requête qu'ils Nous en auroient à cette fin presentée, pour avec notre Procureur audit lieu, les voir & considerer, & par même moyen nous donner advis sur la validité ou invalidité d'iceux, afin d'y pourvoir ausdits Supplians, ainsi que de raison, à quoy suivant la Commission que nous en aurions fait expedier audit Prevôt ou sondit Lieutenant, il a satisfait & nous a renvoié le tout avec sondit advis, & l'ayant fait voir en notredit Conseil, ensemble lesdits Articles cy-après transcrits ; SÇAVOIR FAISONS, Que pour favorablement traiter & gratifier lesdits Supplians en cet endroit, conformément audit advis dudit Prevôt de Paris, ou son Lieutenant, & de notredit Procureur, Avons iceux Articles, Statuts, Reglemens, Constitutions, Privileges & Ordonnances susdits dudit Etat & Métier, en tout leur contenu, accordez, concedez, approuvez, validez & autorisez : Accordons, concedons, approuvons, validons & autorisons de grace speciale, par ces Presentes, voulons & nous plaît, qu'ils soient ci-après entr'eux & leurs successeurs audit Etat, inviolablement gardez, entretenus & observez de point en point, selon leur forme & teneur, & qu'ils en jouissent & usent pleinement & paisiblement, sans qu'il y soit ou puisse être contrevenu en aucune maniere, sur les peines y contenues, que nous ordonnons & leur permettons faire executer contre les contrevenans, réellement & de fait par toutes voyes & contraintes, en tel cas requis & accoutumez ; & afin qu'il n'y soit cy-après innové ou changé aucune chose, les avons cy fait transcrire ainsi qu'il ensuit.

Ce sont les Articles, Statuts, Ordonnances & Reglemens pour l'entretenement, manutention & Police de l'Etat & trafic de la marchandise de vin en gros & détail pour les Marchands de vins en gros, Hôteliers, Taverniers & Cabaretiers.

de la Ville, Fauxbourgs & Banlieuë de Paris : lesquels supplient trés-humblement le Roy, leur vouloir iceux confirmer, suivant ce qu'il a plû à Sa Majesté leur permettre par son Edit du mois de Décembre mil cinq cens quatre-vingt-cinq, verifié en la Cour de Parlement, d'être en Corps & Communauté, & d'elire quatre Maîtres-Jurez & Gardes dudit Etat, pour la conservation d'iceluy.

I.

Et premierement, Que tous ceux lesquels font à present état & trafic de la Marchandise de Vin en cette Ville & Fauxbourgs de Paris, seront reçûs & passez Maîtres.

II.

Qu'à l'advenir aucun ne pourra être reçû Maître & faire état de Marchandise de vin en ladite Ville, Fauxbourgs & Banlieue de Paris, qu'il n'ait servi l'espace de quatre ans l'un des Maîtres dudit état, ou bien qu'il fût fils de Maître né en loyal mariage, afin de le rendre capable au fait de ladite Marchandise.

III.

Item, Qu'auparavant que proceder à la reception d'un Maître de ladite Marchandise, seront lesdits Gardes tenus de s'enquerir diligemment des bonne vie, mœurs & religion d'iceluy, qui demandera à être reçû, afin que s'il se trouve n'être de la Religion Catholique & Romaine, ou qu'autrement il fût diffamé de quelque vice notable, dont il pût encourir quelque note d'infamie, en advertir le Procureur de Sa Majesté au Châtelet de Paris, pour le débouter & rejetter de ladite Marchandise.

IV.

Et au cas que celuy lequel se representera pour parvenir à ladite Maîtrise, soit trouvé capable & suffisant de ladite qualité requise, lesdits Gardes le representeron audit Procureur en sa Chambre audit Châtelet, lequel luy fera faire le serment; & ce fait, sera enregistré en la maniere accoûtumée.

V.

Pareillement ne pourront avec la Marchandise exercer les états de Vendeurs de vins, ou de Courtiers en Office.

VI.

Seront faites défenses à tous Maîtres de ladite Marchandise, soustraire les Apprentifs ou Serviteurs les uns des autres, & les mettre en besogne, si ce n'est du consentement des Maîtres qu'ils auront les derniers servis, ou que par Justice il leur soit permis.

VII.

Comme aussi ne pourront employer & mettre en besogne les Serviteurs qui se seront départis du service d'autres Maîtres pour larcin, ou autre cas digne de punition, que premierement lesdits Serviteurs n'ayent été purgez par Justice des cas à eux imposez.

VIII.

Les veuves desdits Maîtres, tant qu'elles se contiendront en viduité, jouiront des pareils Priviléges que leurs défunts maris. Mais si elles se remarient en secondes nôces, ou qu'elles soient convaincues d'avoir fait faute en leur viduité, elles perdront ledit Privilege, & ne pourront s'entremettre de ladite Marchandise.

IX.

Les veuves des Maîtres pourront faire perachever aux Serviteurs qui auront été obligez à leurs défunts maris, leur tems de service sous elles, pourvû qu'elles continuent le trafic de leurs défunts maris, & qu'elles ne se remarient à autres que dudit état, autrement seront lesdites veuves tenues remettre lesdits Serviteurs és mains des susdits Maîtres & Gardes, pour leur pourvoir de Maître avec lequel ils paracheveront leur tems de service.

X.

Ne pourront lesdites veuves, encore qu'elles continuent le trafic de leurs susdits Maris, prendre ou faire obliger aucuns Apprentifs nouveaux, mais pourront avoir des Serviteurs pour s'en servir au fait de leur Marchandise.

XI.

Que chacun Maître de ladite Marchandise ne pourra avoir qu'un Apprentif ou deux pour le plus à la fois; mais pourra aprés sur la quatriéme année de sondit Apprentif en prendre un autre pour le conduire & acheminer à la Marchandise : Aussi s'il advenoit que son Apprentif s'enfuit de son service, contre le gré & consentement de sondit Maître, il sera tenu faire toutes les diligences de le recouvrer pour lui faire parachever sondit apprentissage ou bien le faire renoncer à l'état de ladite Marchandise ; & en cas de renonciation sera tenu de le faire comparoître en la chambre du Procureur de Sa Majesté pour en être fait Registre : Ne pourra toutefois ledit Maître prendre un autre Apprentif, sinon aprés un mois que le sien s'en sera fuy ou absenté.

XII.

Que les Maîtres de ladite Marchandise, quinze jours aprés qu'ils auront fait obliger lesdits Apprentifs, seront tenus les faire enregistrer en la Chambre de notredit Procureur audit Châtelet, l'un des Gardes de cette Marchandise, à ce faire appellé, & payeront lesdits Maîtres pour leurs Apprentifs dix sols parisis, sur peine contre les contrevenans à ce present Article, & qui n'y auront dans ledit tems satisfait, de deux écus d'amende.

XIII.

Ne pourront lesdits Maîtres transporter les Apprentifs, les uns aux autres, sans en advertir les Gardes de ladite Marchandise, lesquels en tiendront Registres pour obvier aux fraudes & abus qui s'y pourroient commettre, sur peine de deux écus d'amende sur chacun des contrevenans.

XIV.

Qu'aucun Maîtres de ladite Marchandise ne pourra mettre en œuvre, ni tenir en sa maison aucune lie puante, vin ni rapez qui soient puants & boutez : Et ne pourront lesdits Marchands de vin avoir en leur maison, cidre ni poiré, sur peine de deux écus d'amende.

XV.

Qu'aucun ne pourra mettre en besogne vin recuelli par terre, sur peine de perdre le vin, & de payer un écu d'amende.

XVI.

Qu'aucun Maître de ladite Marchandise ne pourra

ouvrer à faire vinaigre ou cendres gravelées, ès jours de Dimanches & Fêtes commandez de l'Eglise.

XVII.

Qu'aucun Maître ne pourra brûler lie en maison de ladite Ville & Fauxbourgs.

XVIII.

Et dautant qu'il convient faire plusieurs frais par les Maîtres & Gardes de ladite Marchandise, pour icelle maintenir & conserver, pour les visites ordinaires qui leur conviendra faire, tant sur les Maîtres de ladite Marchandise, qu'autres, lesquels contreviendront aux presentes Ordonnances, & aussi pour soutenir leurs procès; SERA ORDONNE' par Sa Majesté, que pour satisfaire ausdits frais, chacun Maître payera à sa reception, outre le droit du Roy, la somme d'un écu sol: Et encore seront tenus chacun desdits Maîtres reçus, continuer de bailler par chacune semaine un sol, pour subvenir aux affaires du Corps de ladite Marchandise.

XIX.

Pareillement tous les Maîtres qui prendront nouveaux Apprentifs, seront tenus dans la quinzaine qu'ils les auront reçus à leur service, leur faire payer, tant à Sa Majesté, qu'ausdits Gardes, la somme de vingt sols parisis; Sçavoir, est quatre sols parisis à Sadite Majesté, & seize sols parisis aux Gardes, & en défaut de ce, dedans ledit tems, seront contraints lesdits Maîtres & Gardes de payer pour leurs Apprentifs, sauf leur recours contr'eux.

XX.

Qu'audit état il y aura doresnavant quatre Maîtres Gardes suffisans & capables pour icelui gouverner & garder, & prendre garde aux méprises, fautes & malversations qui y pourroient être commises, lesquels quatre Gardes seront élûs & nommez par une grande & saine partie des Maîtres de ladite Marchandise, lesquels pour ce faire s'assembleront par devant notre Prevot de Paris, ou son Lieutenant Civil, appellé notre Procureur audit Châtelet lequel fera faire le serment à ceux qui se trouveront avoir la pluralité des voix, s'il n'y a occasion legitime d'empêchement ou excuse.

XXI.

Et ne pourront s'excuser ceux lesquels auront été élûs.

XXII.

Que desdits Maîtres & Gardes en seront changez deux par chacun an, aprés les deux premieres années expirées, selon la forme & élection cy-dessus prescrite, & en seront mis deux nouveaux au lieu de deux anciens qui seront déchargez, & en demeurera toûjours deux anciens, à ce que les deux nouveaux élûs soient instruits de leurs Charges & devoir.

XXIII.

Et pour ce qu'audit état de laMarchandise, il y aura grand nombre de Maîtres, lesquels ne pourroient être tous appellez à l'élection desdits Gardes, pour éviter la confusion qu'ameneroit une si grande multitude; Sera ordonné que le Reglement qui a acoûtumé d'être gardé en l'élection des Maîtres & Gardes de la Draperie, sera pareillement gardé & observé en la presente élection, à sçavoir que l'on y appellera un nombre de Maîtres; de façon que ceux qui y auront été appellez un an, ne pourront assister aprés deux ans passez & expirez.

XXIV.

Procedant au fait desquelles visites par lesdits Gardes, à ce que les fautes & abus ne soient cachez, mais viennent en évidence & lumiere pour être corrigez, & en être fait telle punition que le cas le requerera; iceux Gardes appelleront avec eux un Commissaire on Sergent au Châtelet de Paris, pour y assister, donner confort, ayde & prison, si métier est faire ouverture & proceder par voye de scellé, de tous les lieux où ils sçauront ou penseront qu'il y échet visite, & d'icelle en feront procés verbal qui sera rapporté audit Procureur de Sadite Majesté, auquel procés verbal lesdits Gardes seront tenus rapporter & déclarer toutes les fautes & malversations qu'ils y auront trouvées.

XXV.

Lesquels Gardes pour obvier aux malversations & contraventions qui se pourront commettre audit état, pourront faire visites ordinaires par toute cette Ville, Fauxbourgs & Banlieue, sans que pour faire lesdites visites ils soient tenus demander aucun placet ou pareatis aux hauts Justiciers, ou à leurs Officiers, parce qu'il est question du fait de Police, dont la connoissance appartient au Prevôt de Paris seul.

XXVI.

Que lesdits Maîtres & Gardes pour leur salaire & vacations d'administrer cette Charge, ne pourront prendre autre & plus grand droit que ce qui a été adjugé par les Arrêts de notre Cour de Parlement, aux Maîtres, Gardes & Jurez des autres Marchandises de Paris, qui est à la reception des nouveaux Maîtres, un écu sol à chacun desdits Gardes, excepté les Fils de Maîtres qui ne payeront que demy écu.

XXVII.

Que lesdits Maîtres & Gardes, à la fin des deux années de l'exercice de leur Charge, bailleront les presentes Ordonnances; ensemble les Registres des Apprentifs & autres Titres, Arrêts & Sentences concernans le fait desdites Ordonnances, à ceux qui les succederont à la Charge, & à ce faire seront contraints par toutes voyes dûes & raisonables.

XXVIII.

Nul ne pourra être reçu Maître en ladite Marchandise, qu'il n'ait obtenu Lettres de provision du Roy, suivant son Edit ou Quittance, portant decharge selon la Commission sur ce expediée par Sa Majesté.

XXIX.

Tous Maîtres qui se passeront, bailleront au Clerc de ladite Communauté vingt sols tournois, en consideration des services qu'il pourra faire à icelle, & pour l'occasionner de bien fidellement servir ladite Communauté, sans toutefois comprendre les gages & salaires qui lui sont attribuez par icelle.

Lesquels Articles lesdits opposans supplient très-humblement Sa Majesté vouloir ratifier & approuver ; & en ce faisant ordonner qu'ils seront gardez, entretenus & observez de point en point, & les Supplians seront tenus de prier Dieu pour votre prosperité & santé.

Si donnons en mandement audit Prevôt de Paris, ou sondit Lieutenant, & à tous nos autres Justiciers & Officiers qu'il appartiendra, que cesdites presentes, ensemble lesdits Statuts, Constitutions, Privileges & Ordonnances susdites, ils fassent lire, publier, afficher & enregistrer par tout où besoin sera, entretenir, garder & observer de point en point, sans permettre qu'il y soit contrevenu, contraignant & faisant contraindre à ce faire, souffrir & obeir, tous ceux, & ainsi qu'il appartiendra par la forme & maniere qu'il est plus au long contenu cy-dessus, sans permettre ou souffrir qu'il y soit contrevenu ; ce que nous défendons à toutes personnes quelconques, sur les peines susdites ; CAR tel est notre plaisir : Et afin que ce soit chose ferme & stable à toûjours, Nous avons fait mettre notre Scel à cesdites Presentes, sauf en autres choses notre droit, & l'autruy en toutes. DONNÉ à au mois de l'an de grace mil cinq cens quatre-vingt sept, & de notre regne le quatorziéme, & à côté est écrit :

Soit l'avis donné par le Lieutenant Civil & Procureur du Roy au Châtelet, mis au bout des articles des Statuts, & signé d'eux. Et plus est écrit :

Veu par le Lieutenant Civil & Procureur du Roy de la Prevôté & Vicomté de Paris, la Requête presentée au Roy par les Marchands vendans vin en gros, Hôteliers, Taverniers, Cabaretiers, Bourgeois de cette Ville & Fauxbourgs de Paris, le vingt-uniéme jour d'Août dernier ; ensemble les articles attachez à icelle, avec les Lettres Patentes de Sa Majesté du 21. Août, signées par le Roy en son Conseil, POTIER, & scellées du grand Scel à Nous adressantes, pour donner notre avis sur la confirmation des Statuts, Ordonnances & Reglemens portez par lesdits articles.

Sommes d'avis, ſous le bon plaiſir du Roy, & correction de Noſſeigneurs de ſon Conſeil, que leſdits articles, Statuts, Ordonnances & Reglemens ſoient bons, juſtes & raiſonnables, utiles & néceſſaires ; comme tels, doivent être confirmez & autoriſez par Sa Majeſté, & à cette fin décerner ſes Lettres Patentes en forme d'Edit. FAIT à Paris le Mercredy neuviéme Septembre mil cinq cens quatre-vingt-ſept. Ainſi ſigné SEGUIER & DE VILLEMONTE'E.

EDIT ET VERIFICATION des Statuts & Ordonnances.

De l'année mil cinq cens quatre-vingt-huit.

HENRY, par la grace de Dieu, Roy de France & de Pologne : A tous Preſens & à venir : SALUT. Deſirans pourvoir & empêcher à l'avenir que les abus & malverſations qui ſe peuvent commettre en la compoſition des vinaigres, cendres & gravelées faites, vendues & débitées en notre Ville de Paris, ne s'y continuaſſent ; Nous avons par notre Edit du mois de Décembre mil cinq cens quatre-vingt-cinq, verifié en notre Cour de Parlement de Paris, le vingt-ſeptiéme jour de Juin mil cinq cens quatre-vingt-ſept dernier, permis aux Bourgeois, Marchands vendans vins en gros, Taverniers & Cabaretiers d'icelle, de convertir leurs vins amers, pouſſez & eſtonnez eſdits vinaigres, & des lies & gros d'iceux faire cendres & gravelées, & à ces fins avoir & tenir en leurs maiſons les preſſoirs, engins, perſonnes & autres choſes néceſſaires pour en faire la diſtribution aux étrangers ſeulement : Nous leur aurions auſſi permis pour l'entretenement & negociation de leur trafic, de s'aſſembler & compoſer de tous ceux qui en auroient de nous pris permiſſion

& satisfait à nôtredit Edit, un Corps, Confrairie & Communauté, même d'elire de deux en deux ans quatre Maîtres Gardes Jurez dudit Metier, qui feront les visites sur les autre Maîtres ouvriers, exercice & pratique d'icelle; Et pour le policer & regler comme sont tous les autres Etats, Metiers & Communautez de notre Ville, ils ont dressé & redigé par écrit les Statuts, Reglemens, Constitutions & Ordonnances qu'ils ont connus être necessaires pour la conservation de l'exercice & police de leursdits état & trafic, desquels articles la teneur s'ensuit.

I.

Et premierement, Que tous ceux lesquels font à present état & trafic de la Marchandise de Vin en cette Ville & Fauxbourgs de Paris, seront reçûs & passez Maîtres.

II.

Qu'à l'advenir aucun ne pourra être reçû Maître & faire état de Marchandise de vin en ladite Ville, Fauxbourgs & Banlieue de Paris, qu'il n'ait servi l'espace de quatre ans l'un des Maîtres dudit état, ou bien qu'il fût fils de Maître né en loyal mariage, afin de le rendre capable au fait de ladite Marchandise.

III.

Item, Qu'auparavant que proceder à la reception d'un Maître de ladite Marchandise, seront lesdits Gardes tenus de s'enquerir diligemment des bonne vie, mœurs & religion d'iceluy qui demandera à être reçû, afin que s'il se trouve n'être de la Religion Catholique & Romaine, ou qu'autrement il fût diffamé de quelque vice notable, dont il pût encourir quelque note d'infamie, en advertir le Procureur de Sa Majesté au Châtelet de Paris, pour le debouter & rejetter de ladite Marchandise.

IV.

Et au cas que celuy lequel se representera pour parvenir à ladite Maîtrise, soit trouvé capable & suffisant de ladite qualité requise, lesdits Gardes le representeront audit Procureur en sa Chambre audit Châtelet, lequel luy fera faire le serment; & ce fait, sera enregistré en la maniere accoûtumée.

V.

Pareillement ne pourront avec la Marchandiſe exercer les états de Vendeurs de vins, ou de Courtiers en Office.

VI.

Seront faites défenſes à tous Maîtres de ladite Marchandiſe, ſouſtraire les Apprentifs ou Serviteurs les uns des autres, & les mettre en beſogne, ſi ce n'eſt du conſentement des Maîtres qu'ils auront les derniers ſervis, ou que par Juſtice il leur ſoit permis.

VII.

Comme auſſi ne pourront employer & mettre en beſogne les Serviteurs qui ſe ſeront départis du ſervice d'autres Maîtres pour larcin, ou autre cas digne de punition, que premierement leſdits Serviteurs n'ayent été purgez par Juſtice des cas à eux impoſez.

VIII.

Les Veuves deſdits Maîtres, tant qu'elles ſe contiendront en viduité, jouiront de pareils Priviléges que leurs défunts maris. Mais ſi elles ſe remarient en ſecondes nôces, ou qu'elles ſoient convaincues d'avoir fait faute en leur viduité, elles perdront ledit Privilege, & ne pourront s'entremettre de ladite Marchandiſe.

IX.

Les Veuves des Maîtres pourront faire perachever aux Serviteurs qui auront été obligez à leurs défunts maris, leur tems de ſervice ſous elles, pourvû qu'elles continuent le trafic de leurs défunts maris, & qu'elles ne ſe remarient à autres que dudit état, autrement ſeront leſdites Veuves tenues remettre leſdits Serviteurs ès mains des ſuſdits Maîtres & Gardes, pour leur pourvoir de Maître avec lequel ils paracheveront leur tems de ſervice.

X.

Ne pourront leſdites Veuves, encore qu'elles continuent le trafic de leurs ſuſdits maris, prendre ou faire obliger aucuns Apprentifs nouveaux, mais pourront avoir des Serviteurs pour s'en ſervir au fait de leur Marchandiſe.

XI.

Que chacun Maître de ladite Marchandise ne pourra avoir qu'un Apprentif ou deux pour le plus à la fois; mais pourra après sur la quatriéme année de sondit Apprentif en prendre un autre pour le conduire & acheminer à la Marchandise: Aussi s'il advenoit que son Apprentif s'enfuït de son service, contre le gré & consentement de sondit Maître, il sera tenu faire toutes les diligences de le recouvrer pour lui faire parachever sondit apprentissage ou bien le faire renoncer à l'état de ladite Marchandise; & en cas de renonciation sera tenu de le faire comparoître en la Chambre du Procureur de Sa Majesté pour en être fait registre: Ne pourra toutefois ledit Maître prendre un autre Apprentif, sinon après un mois que le sien s'en sera fuy ou absenté.

XII.

Que les Maîtres de ladite Marchandise, quinze jours après qu'ils auront fait obliger lesdits Apprentifs, seront tenus les faire enregistrer en la Chambre de notredit Procureur audit Châtelet, l'un des Gardes de cette Marchandise, à ce faire appellé, & payeront lesdits Maîtres pour leurs Apprentifs dix sols parisis, sur peine contre les contrevenans à ce present Article, & qui n'y auront dedans ledit tems satisfait, de deux écus d'amende.

XIII.

Ne pourront lesdits Maîtres transporter les Apprentifs, les uns aux autres, sans en advertir les Gardes de ladite Marchandise, lesquels en tiendront Registres pour obvier aux fraudes & abus qui s'y pourroient commettre, sur peine de deux écus d'amende sur chacun contrevenant.

XIV.

Qu'aucun Maître de ladite Marchandise ne pourra mettre en œuvre, ni tenir en sa maison aucune lie puante, vin ni rapez qui soient puants & boutez: Et ne pourront lesdits Marchands de vin avoir en leur maison, cidre ni poiré, sur peine de deux écus d'amende.

XV.

Qu'aucun ne pourra mettre en besogne vin recuelli

par terre, sur peine de perdre le vin, & de payer un écu d'amende.

XVI.

Qu'aucun Maître de ladite Marchandise ne pourra ouvrer à faire vinaigre ou cendres gravelées, ès jours de Dimanches & Fêtes commandez de l'Eglise.

XVII.

Qu'aucun Maître ne pourra brûler lie en sa maison de ladite Ville & Fauxbourgs.

XVIII.

Et d'autant qu'il convient faire plusieurs frais par les Maîtres & Gardes de ladite Marchandise, pour icelle maintenir & conserver, pour les visites ordinaires qui leur conviendra faire, tant sur les Maîtres de ladite Marchandise, qu'autres, lesquels contreviendront aux presentes Ordonnances, & aussi pour soutenir leurs procès; SERA ORDONNÉ par Sa Majesté, que pour satisfaire ausdits frais, chacun Maître payera à sa reception, outre le droit du Roy, la somme d'un écu sol: Et encore seront tenus chacun desdits Maîtres reçus, continuer de bailler par chacune semaine un sol, pour subvenir aux affaires du Corps de ladite Marchandise.

XIX.

Pareillement tous les Maîtres qui prendront nouveaux Apprentifs, seront tenus dans la quinzaine qu'ils les auront reçus à leur service, leur faire payer, tant à Sa Majesté, qu'ausdits Gardes, la somme de vingt sols parisis; Sçavoir, est quatre sols parisis à Sadite Majesté, & seize sols parisis aux Gardes, & en défaut de ce, dedans ledit tems, seront contraints lesdits Maîtres & Gardes de payer pour leurs Apprentifs, sauf leur recours contr'eux.

XX.

Qu'audit état il y aura doresnavant quatre Maîtres Gardes suffisans & capables pour icelui gouverner & garder, & prendre garde aux méprises, fautes & malversations qui y pourroient être commises, lesquels quatre Gardes seront élûs & nommez par une grande & saine partie des Maîtres de ladite Marchandise, lesquels pour ce faire s'assembleront par devant notre Prevot de Paris, ou son Lieutenant Civil, appelle notre Procureur audit Châtelet, lequel fera faire le serment à ceux qui se trouveront avoir la pluralité des voix, s'il n'y a occasion legitime d'empêchement ou excuse.

XXI.

Et ne pourront s'excuser ceux lesquels auront été élûs.

XXII.

Que desdits Maîtres & Gardes en seront changez deux par chacun an, après les deux premieres années expirées, selon la forme & election cy-dessus prescrite, & en seront mis deux nouveaux au lieu des deux anciens qui seront déchargez, & en demeurera toûjours deux anciens, à ce que les deux nouveaux élûs soient instruits de leurs Charges & devoir.

XXIII.

Et pour ce qu'audit état de la Marchandise, il y aura grand nombre de Maîtres, lesquels ne pourroient être tous appellez à l'election desdits Gardes, pour éviter à la confusion qu'ameneroit une si grande multitude; Sera ordonné que le Reglement qui a acoûtume d'être gardé en l'élection des Maîtres & Gardes de la Draperie, sera pareillement gardé & observé en la presente election, à sçavoir que l'on y appellera un nombre de Maîtres; de façon que ceux qui y auront été appellez un an, ne pourront assister après deux ans passez & expirez.

XXIV.

Procedant au fait desquelles visites par lesdits Gardes, à ce que les fautes & abus ne soient cachez, mais viennent en évidence & lumiere pour être corrigez, & en être fait telle punition que le cas le requerera; iceux Gardes appelleront avec eux un Commissaire ou Sergent au Châtelet de Paris, pour y assister, donner confort, ayde & prison, si métier est faire ouverture & proceder par voye de scellé, de tous les lieux où ils sçauront ou penseront qu'il y échet visite

visite, & d'icelle en feront Procés-verbal qui sera rapporté audit Procureur de Sadite Majesté, auquel Procés-verbal lesdits Gardes seront tenus rapporter & déclarer toutes les fautes & malversations qu'ils y auront trouvées.

XXV.

Lesquels Gardes pour obvier aux malversations & contraventions qui se pourront commettre audit état, pourront faire visites ordinaires par toute cette Ville, Fauxbourgs & Banlieue, sans que pour faire lesdites visites ils soient tenus demander aucun Placet ou Pareatis aux hauts Justiciers, ou à leurs Officiers, parce qu'il est question du fait de Police, dont la connoissance appartient au Prevôt de Paris seul.

XXVI.

Que lesdits Maîtres & Gardes pour leurs salaires & vacations d'administrer cette Charge, ne pourront prendre autre & plus grand droit que ce qui a été adjugé par les Arrêts de notre Cour de Parlement, aux Maîtres Gardes & Jurez des autres marchandises de Paris, qui est à la réception de chacun nouveau Maître, un écu sol à chacun desdits Gardes, excepté les Fils de Maîtres qui ne payeront que demy écu.

XXVII.

Que lesdits Maîtres & Gardes à la fin des deux années de l'exercice de leur Charge, bailleront les presentes Ordonnances; ensemble les Registres des Apprentifs & autres Titres, Arrêts & Sentences concernant le fait desdites Ordonnances, à ceux qui les succederont à la Charge, & à ce faire seront contraints par toutes voyes deues & raisonnables.

XXVIII.

Nul ne pourra être reçu Maître en ladite marchandise, qu'il n'ait obtenu Lettres de provision du Roy, suivant son Edit ou Quittance, portant décharge selon la Commission sur ce expediée par Sa Majesté.

XXIX.

Tous Maîtres qui se passeront, bailleront au Clerc de ladite Communauté vingt sols tournois, en consideration des services qu'il pourra faire à icelle, & pour l'occasionner de bien fidellement servir ladite Communauté, sans toutefois en ce comprendre les gages & salaires qui lui sont attribuez par icelle.

XXX.

Nous ayans lesdits Supplians fait supplier & requerir, d'autant que sans iceux Statuts ledit Etat ne peut être reglé & policé, que notre plaisir fût de les approuver & autoriser: mais auparavant que ce faire, d'autant que c'est un fait de police dont le Prevôt de notredite Ville, ou son Lieutenant Civil, est Juge naturel & ordinaire, Nous lui aurions renvoyé lesdits Articles, ensemble la Requête qu'ils nous auroient à cette fin présentée, pour avec notre Procureur en ladite Prevôté, les voir & considerer, & par même moyen nous donner avis sur ce, afin de pourvoir ausdits Supplians ainsi que de raison. A quoy ayant été par eux satisfait, & lesdits Articles, Requêtes & avis vûs en notredit Conseil; SÇAVOIR FAISONS, que voulant favorablement traiter & gratifier lesdits Supplians en cet endroit, comme il a été fait ausdits autres Maîtres-Jurez de Paris, pour le bien de nos Sujets, reglement & police d'iceux, & conformément audit avis dudit Prevôt de Paris, ou sondit Lieutenant, & de notredit Procureur: Avons iceux Articles, Statuts, Reglemens, Constitutions & Ordonnances susdits dudit Etat & Métier, & tout le contenu en iceux, cy-dessus transcrit, accordez, concedez approuvez, validez & autorisez, accordons, concedons, approuvons, validons & autorisons de grace speciale par ces Presentes, voulons & nous plaît, qu'ils soient cy-après entr'eux leurs successeurs audit Etat, inviolablement gardez, entretenus & observez de point en point, selon leur forme & teneur, & qu'ils en jouissent & usent pleinement & paisiblement, sans qu'il y soit ou puisse être contrevenu en aucune maniere, sur les peines y contenues, que nous ordonnons & permettons faire executer contre les contrevenans, en cas de contravention, réellement & de fait, par toutes voyes & contraintes en tel cas requises & accoûtumées.

SI DONNONS en mandement à nos amez & feaux les Gens tenans notre Cour de Parlement à Paris, Prevôt dudit lieu, ou son Lieutenant, & à tous nos autres Justiciers & Officiers qu'il appartiendra, que cesdites Presentes, ensemble lesdits Statuts, Constitutions, Privileges & Ordonnances susdits, ils fassent lire, publier, afficher & enregistrer par tout où besoin sera ; entretenir, garder & observer de point en point, sans permettre qu'il y soit contrevenu; contraignant & faisant contraindre à cela faire, souffrir & obéir tous ceux, & ainsi qu'il appartiendra, par forme & maniere qu'il est plus au long contenu cy-dessus, sans permettre ou souffrir qu'il y soit contrevenu, ce que nous défendons à toutes personnes quelconques, sur les peines susdites : CAR tel est notre plaisir. Et afin que ce soit chose ferme & stable à toûjours, Nous avons fait mettre notre Scel à cesdites Presentes, sauf en autre chose notre droit & l'autruy en toutes. DONNÉ à Paris au mois d'Octobre, l'an de grace mil cinq cens quatre-vingt sept, & de notre Regne le quatorziéme : Ainsi signé par le Roy en son Conseil POTIER, & à côté *Visa*, & scellées. Et plus bas est écrit. Veu l'avis du Lieutenant Civil, signé TURAVANT. Et à côté au dessus de la signature dudit Potier est écrit.

Registré, oüy le Procureur Général du Roy, pour jouir par les Impetrans de l'effet & contenu en icelui. A Paris en Parlement le sixiéme jour d'Août mil cinq cens quatre-vingt-huit. Signé, DUTILLET.

EXTRAIT DES REGISTRES de Parlement.

Du sixiéme Août mil cinq cens quatre-vingt-huit.

VEU par la Cour les Lettres Patentes du Roy en forme de Chartres, données à Paris au mois d'Octobre mil cinq cens quatre-vingt-sept, signées par le Roy en son 1587.

Conſeil, POTIER, contenant approbation & ratification des Statuts, Ordonnances & Reglemens d'entre les Marchands vendans vins en gros, Hôteliers, Cabaretiers & Bourgeois de cette Ville & Fauxbourgs, la Requête préſentée pour la verification deſdites Lettres Patentes, attachée auſdits Statuts, ſous le contre-ſcel de la Chancellerie, adreſſante au Prevôt de Paris ou ſon Lieutenant, pour donner avis ſur leſdits Statuts, Ordonnances & Reglemens, ledit avis ſur ce ſigné, SEGUIER & DE VILLEMONTE'E: Concluſions du Procureur Général du Roy, qui auroit requis les Vinaigriers de cette Ville & Fauxbourgs être oüis en leur Conſeil. Six Requêtes injonctives auſdits Vinaigriers de communiquer, des dernier Mars, premier & onziéme Avril, dix-huitiéme Juin, neuviéme & ſeiziéme Juillet Concluſions du Procureur Général du Roy, auquel tout a été communiqué & tout conſulté. LADITE COUR a ordonné que leſdites Lettres Patentes contenant leſdits Statuts & confirmation d'iceux, ſeront regiſtrées ès Regiſtres d'icelle, oüy ſur ce le Procureur Général du Roy, pour jouir par les Impetrans de l'effet & contenu en icelles. FAIT en Parlement le ſixiéme jour d'Août l'an mil cinq cens quatre-vingt-huit. Signé DUTILLET.

Confirmation de Privilege.

HENRY, par la grace de Dieu, Roy de France & de Navarre: A tous preſens & à venir, SALUT. Nos chers & bien amez les Marchands vendeurs de vin en gros, Hôteliers, Cabaretiers & Bourgeois de cette Ville de Paris, nous ont fait remontrer que dès l'année mil cinq cens quatre vingt-ſept, ils auroient dreſſé des Articles & Statuts concernant le fait de leur trafic & marchandiſe, leſquels ayant été trouvez raiſonnables par nos Officiers, auroient été omologuez par le feu Roy, dernier decedé, notre très-honoré Seigneur & Frere, tellement que depuis ce tems ils en auroient toûjours joui & usé jusqu'à present ; toutefois parce que depuis notre avenement à la Couronne, ils n'ont obtenu de Nous confirmation desdits Statuts, ils doutent que cy-après on les voulût empêcher en la jouissance d'iceux, s'ils n'avoient sur ce nos Lettres de Confirmation à ce necessaires, humblement requerant icelles. SÇAVOIR FAISONS, que nous ayant fait voir en notre Conseil lesdits Articles & Statuts, ensemble l'omologation & autorisation d'iceux par notre feu Sieur & Frere le Roy Henry dernier decedé, & verification faite par nos Officiers au Châtelet de Paris, & inclinant liberalement à l'humble Requête desdits Supplians, que nous desirons bien & favorablement traiter : A iceux, pour ces causes & autres bonnes considerations à ce nous mouvans, avons confirmé & continué, & par la teneur des Presentes de notre certaine science, pleine puissance & autorité Royale, continuons & confirmons lesdits Statuts que nous voulons être gardez & observez de point en point par lesdits Supplians & leurs successeurs audit trafic, pour en jouir par eux & leurs successeurs, doresnavant & à toûjours, pleinement & paisiblement, comme ils ont cy-devant bien & duëment jouy & usé, jouissent & usent encore de present, & tout ainsi qu'il est porté par lesdits articles, verifiez par nos Officiers : SI DONNONS en mandement à nos amez & feaux les Gens tenans notre Cour de Parlement à Paris, Prevôt dudit lieu ou son Lieutenant, & tous nos autres Justiciers & Officiers qu'il appartiendra, que cesdites Presentes, ensemble lesdits Statuts, Constitutions, Privileges & Ordonnances susdits, ils fassent lire, publier, afficher & enregistrer par tout où besoin sera, entretenir, garder & observer de point en point, sans permettre qu'il y soit contrevenu, contraignant & faisant contraindre à ce faire, souffrir & obéir tous ceux & ainsi qu'il appartiendra par la forme & maniere, ainsi qu'il est plus au long contenu, sans permettre ou souffrir qu'il y soit contrevenu. Ce que nous défendons à toutes personnes quelconques ; CAR tel est notre plaisir : Et afin que ce soit chose ferme & stable à toûjours, nous avons fait mettre notre Scel à cesdites Présentes, sauf en autre chose notre droit, & l'autruy en toutes. DONNÉ à Paris au mois d'Avril l'an de grace mil cinq cens quatre-vingt-quatorze, & de notre Regne le cinquiéme. Signé sur le repli, par le Roy en son Conseil, COMBAUD, Et scellé en lacs de soye de cire jaune.

Confirmation des Statuts en 1594.

Autre Confirmation.

Autre confirmation desdits Statuts en l'année 1587.

LOUIS, par la grace de Dieu, Roy de France & de Navarre : A tous presens & à venir, SALUT. Nos chers & bien amez les Marchands vendans vin en gros, Hôteliers, Cabaretiers & Bourgeois de notre bonne Ville de Paris, nous ont fait dire & remontrer que dès l'année mil cinq cens quatre-vingt-sept, ils auroient fait dresser les Statuts & articles concernans le fait de leur trafic & Marchandise, lesquels ayant été trouvez raisonnables, auroient été omologuez par le feu Roy Henry III. notre très-honoré Seigneur & Oncle, & depuis confirmez par notre très-honoré Seigneur & Pere le Roy dernier decedé, que Dieu absolve, tellement qu'ils en ont toûjours depuis bien & duëment jouy & usé jusqu'à present ; qu'ils craignent y être troublez, au moyen du decès avenu de notre feu Seigneur & Pere, s'ils n'ont sur ce nos Lettres de confirmation necessaires, dont ils nous ont très-humblement supplié & requis. A CES CAUSES, sçavoir faisons, que nous desirans par l'avis de la Reine Regente notre trés-honorée Dame & Mere, gratifier & favorablement traiter lesdits Supplians ; & après avoir fait voir en notre Conseil, tant lesdits Articles & Statuts, que les Lettres d'omologation & confirmation, ensemble les Arrêts de verification de notre Cour de Parlement, le tout cy attaché sous notre contre-scel, à iceux Supplians, pour ces causes & autres bonnes considerations à ce nous mouvans ; Avons confirmé & confirmons par ces Presentes signées de notre main, lesdits Statuts & Privileges, & iceux, entant que besoin est ou seroit, de nouveau louez, approuvez & ratifiez, louons, approuvons & ratifions, voulons & entendons qu'ils soient par lesdits Supplians & leurs successeurs audit trafic, gardez, observez & entretenus de point en point, selon leur forme & teneur, pour en jouir par eux & leursdits successeurs doresnavant & à toûjours, pleinement & paisiblement, comme ils en ont cy-devant bien & duëment jouy & usé, jouissent & usent encore de present. VOULONS en outre & nous plaît, que conformément à l'Arrêt contradictoirement donné en notre Conseil d'Etat, entr'eux & les Maîtres & Gardes des six Corps des Marchands de notredite bonne Ville, ils puissent assister aux Entrées en icelle Ville, de Nous & nos successeurs, & des Reines, avec les habits qui leur seront prescrits par les Prevôt des Marchands & Eschevins d'icelle notredite bonne Ville, pour marcher avec lesdits six Corps selon le rang qui leur sera baillé par les Prevôt des Marchands & Eschevins, ainsi qu'il est porté par ledit Arrêt aussi cy-attaché sous notre contre-scel. SI DONNONS en mandement à nos amez & feaux Conseillers les Gens tenans notre Cour de Parlement à Paris, Prevôt dudit lieu ou son Lieutenant, & à tous autres nos Justiciers & Officiers qu'il appartiendra, que ces Presentes ils fassent lire, publier & enregistrer, & du contenu en icelles, ensemble desdits Privileges, Statuts & Arrêts de notredit Conseil d'Etat, ils fassent, souffrent & laissent lesdits Supplians jouir & user pleinement & paisiblement, cessant & faisant cesser tous troubles & empêchemens au contraire ; Car tel est notre plaisir : Et afin que ce soit chose ferme & stable à toûjours, Nous avons fait mettre notre Scel à cesdites Presentes, sauf en autres choses notre droit & l'autruy en toutes. DONNE' en nos Déserts de Fontainebleau au mois de Juin, l'an de grace mil six cens onze, & de notre Regne le deuxiéme, signé LOUIS, & sur le reply, par le Roy, la Reine Regente sa mere presente, DE LOMENIE ; & à côté est écrit *Visa*, & scellées en lacs de soye rouge & verte de cire verte. Et au dos est aussi écrit, *Registrata*

Le Roy veut que les Maîtres & Gardes Marchands de Vins assistent comme les six autres Corps aux Entrées & autres Ceremonies.

Confirmation des Statuts de l'année 1611.

EXTRAIT DES REGISTRES du Conseil d'Etat.

Du vingt-neuviéme Avril mil six cens dix.

L'opposition des six Corps pour porter le Dais à l'Entrée de la Reine.

SUR le rapport fait au Conseil du différend meu entre les Maîtres & Gardes des six Corps des Marchands de cette Ville de Paris, & les Maîtres & Gardes du Corps des Marchands de Vin de ladite Ville : Sur ce que les Prevôt des Marchands & Eschevins d'icelle, auroient en vertu des Lettres de Cachet de Sa Majesté, du 21. Février dernier, enjoint ausdits Maîtres & Gardes de la marchandise de Vin, d'assister à l'Entrée de la Reine pour y porter le Dais, comme font les autres Maîtres & Gardes des six Corps de la marchandise de ladite Ville. Veu lesdite Lettres, l'Ordonnance desdits Prevôt des Marchands & Eschevins, des neuviéme Mars dernior, & sixiéme du present mois, portant injonction aux Maîtres & Gardes de la marchandise de vin, de se tenir prêts avec robbes de velours bleu & habits de soye, pour assister à l'Entrée de la Reine & y porter le Dais, ainsi que les autres Maîtres & Gardes. Requête & Remontrances respectivement baillées par écrit par l'un & l'autre desdits Corps. Et après que ledit Prevôt des Marchands a été oüy audit Conseil : LE ROY EN SON CONSEIL, attendu que lesdits Maîtres & Gardes du Corps de la marchandise desdits Vins ne sont fondez en aucunes Lettres Patentes de Sa Majesté, qui leur attribue droit de porter le Dais aux Entrées des Rois & Reines, avec lesdits Maîtres & Gardes desdits six Corps des Marchands : A ordonné & ordonne, qu'ils s'abstiendront de porter ledit Dais à l'Entrée de la Reine, jusqu'à ce que par Sa Majesté en soit autrement ordonné. VEUT neantmoins Sadite Majesté, qu'ils puissent assister à ladite

ladite Entrée avec les habits qui leur ont été prescrits par lesdits Prevôt des Marchands & Eschevins, pour marcher avec lesdits six Corps, selon le rang qui leur sera baillé par iceux Prevôt des Marchands & Eschevins. FAIT au Conseil d'Etat du Roy, tenu à Paris le vingt-neuviéme jour d'Avril mil six cens dix. Signé BAUDOYN.

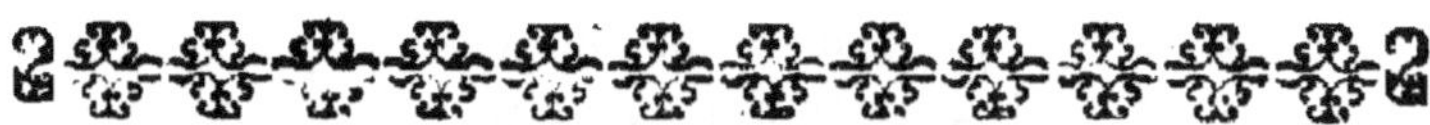

EXTRAIT DES REGISTRES du Conseil d'Etat.

Du vingt-neufviéme May mil six cens quinze.

VEU par le Roy en son Conseil, la Requête présentée à Sa Majesté par les Maîtres & Gardes du Corps & Communauté des Marchands de Vin de la Ville & Fauxbourgs de Paris: Contenant que le feu Roy Henry III. pour le bien & utilité public, entretenement & negociation du trafic de la marchandise de Vin, ayant permis aux Supplians de composer un Corps & Communauté de tous lesdits Marchands, même d'élire de deux en deux ans, quatre Maîtres Gardes-Jurez dudit Etat, qui feroient les visites sur tous les autres Maîtres, il leur auroit par ses Lettres du mois d'Octobre 1587. verifiées en la Cour de Parlement, accordé, concedé & approuvé les Statuts, Reglemens & Ordonnances jugées necessaires pour la conservation de l'exercice & police de leur trafic; depuis lequel tems ils auroient traité toutes les affaires de leurdite Communauté, en la forme & maniere que les autres six Corps anciens des Marchands de ladite Ville de Paris; ce qui leur a été confirmé par le feu Roy Henry le Grand & par Sa Majesté: Et neanmoins contre cette concession & confirmation, Maitre Pierre Guillet qui se dit Commis au recouvrement & recepte des deniers du droit de Confirmation dû à Sa Majesté

Suite de ladite opposition.

auroit fait faire commandement à plusieurs particuliers dudit Corps & Communauté, de payer les uns les sommes de dix-huit livres, les autres de douze livres, ausquelles il prétend qu'ils ont été taxez, tant pour ledit droit de Confirmation, que pour le Privilege de vendre vin en Taverne, avec déclaration qu'ils seroient contraints pour ladite somme, ensemble pour les frais, comme pour les propres deniers de Sa Majesté : Ce qui oblige d'autant plus lesdits Supplians aux remontrances qu'ils en font à Sa Majesté, que ce seroit les priver de la grace qu'ils ont reçûe des prédecesseurs de Sa Majesté, qu'elle leur a confirmée ; & au lieu que tous lesdits Marchands ne font qu'un Corps, les remettre en la confusion en laquelle ils étoient auparavant, & les rendre de pire condition que tous les autres Marchands de ladite Ville, leur faire payer plus que lesdits Corps ensemble, d'autant qu'à les prendre à douze livres seulement, sur le pied de huit cens Marchands qui se sont trouvez en l'année derniere, tant en ladite Ville que Fauxbourgs, sans y comprendre les douze Marchands & les vingt-cinq Cabaretiers de la Cour, qui ne sont dudit Corps, & qui font plus que tout le reste, & même tel d'eux a trois ou quatre caves ouvertes, & quelques Suisses de la garde de Sa Majesté, ce seroit neuf mille six cens livres, où le Corps des Marchands de Mercerie Grosserie n'en a payé que deux mille livres, & celui de la Draperie moins, qui sont en plus grand nombre : Requerant Sa Majesté ne les frustrer de l'octroy à eux fait par sesdits prédecesseurs par leurs Lettres Patentes, Arrêts de son Conseil, le tout confirmé par Sa Majesté, & vouloir ordonner qu'ils seront taxez en Corps & non separément, par une taxe moderée, laquelle ils pourront départir en la forme & maniere, sur ceux qui ont accoutumé de contribuer aux autres levées faites sur eux en la Communauté, & pour affaire de leurdit Corps. Réponse de Maître Antoine Doüelle pour ledit Guillet à la communication à lui faite de ladite Requête ; Et après que ledit Doüelle & lesdits Maîtres & Gardes dudit Corps ont été oüis audit Conseil par plusieurs & diverses fois, & que lesdits Maîtres & Gardes ont representé en icelui lesdites Lettres Patentes du feu Roy Henry III. du mois d'Octobre 1587. enregistrées au Parlement le sixiéme Août 1588. portant entr'autres Privileges qu'il sera élû des Maîtres & Gardes à l'instar desdits Maîtres & Gardes de la Draperie. Arrêt de la Cour de Parlement du vingt-neuviéme Novembre 1596. Arrêt donné audit Conseil d'Etat le vingt-neuviéme Avril 1610. par lequel est ordonné qu'attendu qu'ils ne sont fondez en aucunes Lettres du feu Roy Henry le Grand lors regnant, qui leur attribue droit de porter le Dais aux Entrées des Rois & Reines, avec lesdits Maîtres Gardes desdits six Corps des Marchands, A ORDONNÉ qu'ils s'abstiendront de porter le Dais à l'Entrée de la Reine, jusqu'à ce que par Sa Majesté en eût été autrement ordonné; & neanmoins qu'ils pourroient assister à ladite Entrée avec les habits qui leur avoient été prescrits par les Prevôt des Marchands & Eschevins de ladite Ville, pour marcher avec lesdits six Corps, selon le rang qui leur sera baillé par lesdits Prevôt des Marchands & Eschevins de ladite Ville. Lettres Patentes de Sa Majesté données à Fontainebleau, au mois de Juin 1611. signées DE LOMENIE, portant confirmation desdits Privileges contenus ausdites Lettres du mois d'Octobre mil cinq cens quatre-vingt-sept & audit Arrêt donné audit Conseil le vingt-neuf Avril 1610. par lesquelles Sadite Majesté veut que conformément audit Arrêt, ils puissent assister aux Entrées en icelle Ville de Sadite Majesté, & de ses successeurs & des Reines, ave les habits qui leur seront prescrits par ledit Prevôt des Marchands & Eschevins, pour marcher avec lesdits six Corps selon leur rang qui leur sera baillé par lesdits Prevôt des Marchands & Eschevins. LE ROY EN SON CONSEIL, ayant égard à ladite Requête, A ordonné & ordonne que lesdits Maîtres & Gardes dudit Corps & Communauté desdits Marchands de vin, tant en gros qu'en détail, Hôteliers & Cabaretiers de ladite Ville & Fauxbourgs de Paris, payeront pour ledit Corps dans le vingtiéme Juin prochain, ès mains dudit Maître Antoine Doüelle, la somme de dix mille livres pour ledit droit de confirmation par eux dû à Sa Majesté pour son advenement à la Couronne, moyennant laquelle somme Sadite Majesté les a maintenus & conservez en la jouissance des Privileges, Franchises, Droits & Libertez à eux concedez par les feus Rois ses prédecesseurs, & Arrêt dudit Conseil du vingt-neuf Avril 1610. & Lettres Patentes de Sadite Majesté, données à Fontainebleau au mois de Juin 1611. laquelle somme de dix mille livres, Sadite Majesté veut & entend être départie & levée entr'eux sur ceux qui ont accoûtumé de contribuer aux autres charges & frais necessaires dudit Corps, en la maniere accoûtumée; & que ce qui se trouvera avoir été levé pour ledit droit de Confirmation, leur sera précompté & rabattu sur ladite somme par ledit Doüelle, auquel ils seront tenus rendre les Quittances particulieres qui pourroient en avoir été baillées, en leur baillant la Quittance générale au nom dudit Corps pour ladite somme de dix mille livres. Fait au Conseil d'Etat du Roy, tenu à Paris le vingt-neuviéme jour de May mil six cens quinze. Signé BAUDOYN.

LOUIS par la grace de Dieu, Roy de France & de Navarre: Au Prevôt de Paris, ou son Lieutenant Civils; Salut. Par Arrêt ce jourd'huy donné en notre Conseil: Veu la Requête à Nous presentée par nos bien amez les Maîtres & Gardes du Corps & Communauté des Marchands de Vin de notre Ville & Fauxbourgs de Paris: Nous avons ordonné que lesdits Maîtres & Gardes dudit Corps & Communauté desdits Marchands de Vin, tant en gros qu'en détail, Hôteliers & Cabaretiers de notredite Ville & Fauxbourgs, payeront pour ledit Corps dans le vingtiéme jour de Juin prochainement venant, ès mains de Maître Antoine Doüelle, la somme de dix mille livres pour notre droit de Confirmation par eux à Nous dûe pour notre advenement à la Couronne, moyennant laquelle somme Nous les avons maintenus & maintenons, conservez & conservons en la jouissance des Privileges, Franchises, Droits & Libertez à eux, concedez par les feus Rois nos prédecesseurs, & Arrêt de notre Conseil du vingt Avril 1610. & nos Lettres Patentes données à Fontainebleau au mois de Juin 1611. laquelle somme Nous vouſons & entendons être départie & levée entr'eux ſur ceux qui ont accoûtumé de contribuer aux autres charges & frais neceſſaires dudit Corps en la maniere accoûtumée, & que ce qui ſe trouvera avoir été levé pour le droit de Confirmation leur ſoit precompté & rabattu ſur ladite ſomme par ledit Doüelle, auquel ſeront tenus de rendre les quittances particulieres qui pourroient en avoir été baillées, en leur baillant la quittance générale au nom dudit Corps pour ladite ſomme de dix mille livres. Et d'autant que pardevant vous les affaires dudit Corps & Communauté, en ce qui concerne ce qu'ils départent ſur eux pour leurſdites affaires, ont accoûtumé être traitées, & en rendent les Maîtres & Gardes ſortans de charge, compte par devant vous, en preſence deſdits Maîtres & Gardes, & ceux qui ſont nommez par ladite Communauté; ce que nous deſirons être ſuivi au département de ladite ſomme de dix mille livres & frais qu'il leur aura convenu faire pour raiſon de ce: Nous vous mandons qu'aſſemblez pardevant vous tous leſdits Maîtres & Gardes, & ceux deſdits Marchands & autres de ladite Communauté, qui ont accoûtumé d'être appellez à la reddition des comptes qu'ils rendent pardevant vous des deniers qui ſe levent ſur les contribuables aux frais dudit Corps, vous ayez à départir, ſelon l'avis qu'ils vous donneront en loyauté & conſcience, ladite ſomme de dix mille livres & frais neceſſaires ſur ceux qui ont accoûtumé de contribuer aux charges & frais neceſſaires dudit Corps, à la maniere accoûtumée, & pour précompter à ceux qui auront deja payé quelques ſommes de deniers pour edit droit, Nous voulons qu'ils mettent les quittances originales à eux baillées ès mains deſdits Gardes, ou l'un d'eux, pour vous être repreſentées, & à eux déduites ſur la taxe qu'ils devront porter de dix mille livres & frais, & icelles quittances particulieres, être rendues par leſdits Gardes audit Doüelle, leur délivrant ſa quittance générale de ladite ſomme de dix mille livres, & qu'au payement de ce que chacun ſera par vous, avec l'avis ſuſdit taxé, ils ſoient contraints comme ils pourroient être pour le payement de notre droit de Confirmation, nonobſtant oppoſitions ou appellations quelconques: De ce faire vous donnons pouvoir, commission, autorité & mandement special. Et au premier notre Huissier ou Sergent faire pour l'execution de ce que dessus, & de vos Sentences, Ordonnances & Jugemens, toutes contraintes & autres Exploits nécessaires, sans pour ce demander aucun Pareatis: Car tel est notre plaisir. Donné à Paris le vingt-neuviéme jour de May, l'an de grace mil six cens quinze, & de notre Regne le sixiéme. Signé, par le Roy en son Conseil, BAUDOUYN. Et scellé du grand Sceau de cire jaune en simple queue, avec le contre-scel.

J'AY reçû de Jean Clement, Pierre Fauvette, Pierre Frelet & Guillaume du Pont, Maîtres & Gardes du Corps & Communauté des Marchands de Vin ès Ville & Fauxbourgs de Paris, la somme de dix mille livres, à laquelle ils ont été taxez par Arrêt du Conseil du Roy, du vingt-neuviéme jour de May 1615. pour le droit de Confirmation dû à Sa Majesté à cause de son Advenement à la Couronne, par ledit Corps & Communauté des Marchands de Vin, pour jouir de leurs Privileges. FAIT à Paris le dernier jour de Juin mil six cens quinze.

Quittance du Trésorier des Parties Casuelles de la somme de dix mille livres, pour la Confirmation des Marchands de Vin de la Ville & Fauxbourgs de Paris. Signé, *BARENTIN.*

Au dos est écrit.

Enregistré au Controlle général des Finances, par moy soussigné Conseiller-Secretaire du Roy, Commis de Monsieur le Controlleur général à Poitiers, le quatorziéme jour de Septembre mil six cens quinze. Signé *L'HOSTE.*

EXTRAIT DES REGISTRES du Conseil d'Etat.

Du vingtième Février mil six cens quarante-quatre.

SUR la Requête presentée au Roy en son Conseil, par les Maîtres & Gardes de la Communauté des Marchands de Vins, Hôteliers & Cabaretiers de cette Ville, Fauxbourgs & Banlieue de Paris, tendante à ce qu'il plût à Sa Majesté leur moderer la taxe de quarante mille livres faite sur eux, pour le droit d'Advenement à la Couronne, à la somme de vingt mille livres, ou telle autre somme qu'il plaira à Sa Majesté, attendu qu'en l'année mil six cens quinze pour pareil droit, ils n'ont été taxez qu'à dix millelivres, & que pour payer la somme à laquelle il plaira à Sadite Majesté de moderer ladite taxe, terme leur soit donné de six mois, pendant lequel tems ils pourront faire leurs visites sur ladite Communauté, afin d'être procedé à la taxe sur chacun; & qu'au payement de ladite taxe toutes personnes vendans Vin & qui contribuent aux frais de ladite Communauté, même ceux qui voudroient prétendre s'en exempter, lesquels n'ont fait apparoir d'aucune renonciation dudit trafic, & ceux qui l'ont fait depuis ledit Advenement: Comme aussi les Archers de ladite Ville, Officiers d'icelle & autres prétendus Privilegiez, en ce non compris les douze & vingt-cinq Marchands de Vin, seront cottisez & contraints par corps comme pour deniers Royaux, nonobstant les autres taxes particulieres que l'on a faites sur quelques Taverniers de la Ville-Levêque; quoy qu'elles soient plus petites, lesquelles neanmoins leur seront déduites & les sommes reçûes par l'Huissier porteur des contraintes de Maître Jean le Maire, Traitant desdites taxes rabattues aux Supplians, sur & tant moins de la taxe qu'ils doivent payer, &

qu'avec ladite somme imposée pour Sa Majesté, il sera aussi levé celle à laquelle monteront les frais de ladite imposition : Veu ladite Requête signée DE LA FOSSE Avocat au Conseil, le Commandement fait aux Supplians de payer ladite somme de quarante mille livres dans six semaines, du vingt-troisiéme Décembre dernier ; & oüy le rapport du Sieur de Moric, Conseiller audit Conseil, Commissaire à ce député ; Et tout consideré : LE ROY EN SON CONSEIL, sans avoir égard à la diminution requise par les Supplians, a ordonné & ordonne que dans un mois ils payeront à Sa Majesté entre les mains des Commis & preposez dudit le Maire porteur des Quittances du Trésorier des Parties Casuelles, ladite somme de quarante mille livres, laquelle ils seront tenus d'asseoir & imposer, avec les frais qu'il conviendra faire pour ladite levée, après qu'ils auront été taxez par les Commissaires sur les Marchands de Vin, Hôteliers & Cabaretiers de ladite Ville & Fauxbourgs de Paris, & généralement sur tous autres prétendus Privilegiez Marchands de Vin qui sont de ladite Communauté contribuans aux taxes & frais ordinaires d'icelle, ausquelles taxes & frais faits pour les levées d'icelles, ils seront contraints chacun pour leurs parts & portions par emprisonnement de leurs personnes, comme pour les propres deniers & affaires de Sa Majesté, nonobstant oppositions ou appellations quelconques, suivant la Déclaration de Sadite Majesté, du vingt-troisiéme Octobre dernier. Fait au Conseil d'Etat du Roy, tenu à Paris le vingtiéme jour de Février mil six cens quarante-quatre. Collationné. Signé, BORDIER.

LOUIS, par la grace de Dieu, Roy de France & de Navarre : au premier des Huissiers de notre Conseil, ou autre Huissier ou Sergent sur ce requis ; Nous te mandons & commandons que l'Arrêt dont l'extrait est cy-attaché sous le contre-scel de notre Chancellerie, ce jourd'huy donné en notre Conseil d'Etat, sur la Requête des Maîtres & Gardes des Marchands de Vin, Hôteliers & Cabaretiers de notre bonne Ville, Fauxbourgs & Banlieue de Paris : Tu signifies à tous qu'il appartiendra, à ce qu'ils n'en pretendent cause d'ignorance d'ignorance, & faits pour l'execution d'iceluy, tous commandemens, sommations, contraintes par les voyes y déclarées, défenses & autres Actes & Exploits nécessaires, sans demander autre permission, & sera adjouté foi comme aux originaux aux copies dudit Arrêt & des Presentes, collationnées par l'un de nos amez & feaux Conseillers & Secretaires; CAR tel est notre plaisir. Donné à Paris le vingtiéme jour de Février l'an de grace mil six cens quarante-quatre, & de notre Regne le premier. Signé par le Roy en son Conseil, BORDIER; Et scellé.

J'AY reçu du Corps des Marchands de Vin de la Ville, Fauxbourgs & Banlieue de Paris, par les mains de Monsieur Meunier Maître & Garde, la somme de quarante mille livres, à laquelle ils ont été taxez au Conseil du Roy, pour le droit de Confirmation dû à Sa Majesté à cause de son advenement à la Couronne, à cause de leurs Privileges, suivant la Déclaration du vingt-quatriéme Octobre dernier. FAIT à Paris le vingt-huitiéme jour de Juillet mil six cens quarante-cinq.

Quittance du Tresoriers des Parties Casuelles & Deniers extraordinaires, de la sonmme de quarante mille livres. Signé, DE FLANDRE.

Enregistré au Contrôle Général des Finances par moy soussigné, à ce commis par Monsieur d'Hemery, Conseiller au Conseil d'Etat, & Coutrôlleur Général des Finances de France. A Paris le vingt-cinquiéme jour de Juillet mil six cens quarante-cinq. Signé, BOULART.

EXTRAIT DU REGISTRE de l'Hôtel de Ville.

De l'Entrée & Reception faite à Paris au Cardinal Georges d'Amboise, Legat à Latere, *en 1501.*

Comme les Gardes Marchands de Vin ont porté le Dais.

GUILLAUME DE POICTIERS, Comte de Saint Valier, Gouverneur de Paris, l'Evêque de Lodeve, Président des Comptes; les Prevôt des Marchands & Eschevins de la Ville de Paris; Robert Tibouft, Conseiller & Président de la Cour; le Prevôt de Paris; Jacques Coctier, Vice-Président en la Chambre des Comptes; Charles Guillar, Maître des Requêtes ordinaire de l'Hôtel du Roy; Guillaume Aimerot, Germain de Marle, Denis Messelin, Jean le Gendre, Louis Seguier, Raoul le Ferron, Conseillers de la Cour de Parlement & autres, étant tous assemblez le treiziéme jour de Février mil cinq cens un, en l'Hôtel du Roy, près les Augustins, pour l'Entrée de très-Reverend Pere en Dieu GEORGES D'AMBOISE, Cardinal Archevêque de Roüen & Legat *à Latere* en France; les Prevôt & Eschevins firent rapport à l'Assemblée, que le Roy avoit écrit à la Ville, que Monsieur le Legat devoit faire dans peu de jours son Entrée en cette Ville, & qu'il vouloit & entendoit qu'il y fût reçû fort honorablement, commé on a de coûtume de faire en pareille rencontre, & mieux s'il étoit possible, ainsi que meritoient les vertus du Legat : à ce sujet il fut ici conclud, suivant le bon plaisir du Roy, & pour l'honneur de Monsieur le Legat, que l'on feroit un Dais, lequel seroit porté sur lui, cette Coûtume étant en usage & en pratique en France le jour de leur Entrée; que l'on tapisseroit les rues par où il passeroit, & que les Prevôt des Marchands & Eschevins accompagnez des principaux Bourgeois fort lestement vêtus, & des Archers de la Ville, iroient tous à cheval au devant du Legat jusqu'à la Chapelle

Saint Denis, lui faire la reverence. La Cour de Parlement députa seulement deux Présidens & quelques Conseillers en robbes noires, avec quatre Huissiers qui marchoient devant eux, qui assisterent à cette Entrée, les Eschevins & les Gardes des Corps des Drapiers, Epiciers, Merciers, Bonnetiers, Pelletiers, Orfevres & Marchands de Vin, porterent le Dais sur le Legat. La Ville lui fit present d'ypocras, d'épices & de flambeaux, avec six muids de vin de Baune, suppliant Monsieur le Legat d'avoir la Ville en particuliere recommandation envers Sa Majesté.

A Tous ceux qui ces Presentes Lettres verront, Christophe Sanguin, Seigneur de Livry, Conseiller du Roy en ses Conseils d'Etat & Privé, Président en sa Cour de Parlement en la troisiéme Chambre des Enquêtes, Prevôt des Marchands, & les Eschevins de la Ville de Paris; SALUT. Sçavoir faisons, que vû la Requête à Nous faite & presentée par le Corps & Communauté des Marchands de Vin de cettedite Ville, contenant que comme ils sont l'un des plus grands Corps de ladite Ville, aussi en icelui y a nombre de personnes d'honneur, lesquels pour avoir fait la Marchandise honorablement & avoir servi au public, ont eu l'honneur d'avoir été appellez ès charges d'Eschevins, de Juges Consuls, Gardes de leur Corps, Receveurs Généraux des Pauvres & autres Charges publiques, qui fait que quand ils sont décedez, ceux qui sont lors en charge de Gardes assistent à leurs Funerailles & Enterremens avec les parens & amis du défunt; Mais afin de rendre à l'avenir lesdits Enterremens & Services plus honorables, ledit Corps & Communauté a intention de donner doresnavant à la memoire des défunts quelques torches & luminaires ausquels ils desireroient faire mettre & apposer des Armoiries: Ce qu'ils ne peuvent & ne veulent entreprendre sans notre permission, requierent à cette fin leur vouloir permettre & prescrire à leurdit Corps telles Armoiries qu'il nous plaira. CONSIDERE' le contenu en laquelle Requête, & aussi qu'il est tout notoire que plusieurs Marchands de Vin de cette Ville, pour avoir merité du public en leur trafic de la Marchandise, ont été pris & tirez dudit Corps, & appellez esdites Charges d'Eschevins, Juges Consuls, Gardes & Receveurs Généraux des Pauvres, dont ils se sont dignement acquittez: & afin de les obliger de continuer & porter les autres à les imiter à l'avenir, par quelques marques & degré d'honneur; NOUS sur ce oüy le Procureur du Roy de la Ville, Avons permis & permettons audit Corps & Communauté des Marchands de Vin de cettedite Ville, d'avoir en leurdit Corps & Communauté pour Armoiries un Navire d'argent à Bannieres de France, flottant, avec six autres petites Nefs d'argent allentour, une grappe de raisin en chef, lesdites Armoiries en champ bleu & telles qu'elles sont cy-dessous emprainte, lesquelles nous avons données, arrêtées & concedées audit Corps desdits Marchands de Vin, pour s'en servir en leurdit Corps à toûjours & perpetuité, tant aux ornemens de leur Chapelle, qu'en toutes les autres occasions qu'ils en auront besoin, même faire attacher aux torches & cierges qui seront donnez par ledit Corps pour servir aux Enterremens & Funerailles de ceux dudit Corps qui seront décedez, ou qui auront passez par lesdites Charges, ou l'une d'icelles, sans qu'ils puissent pour jamais les changer ni blazonner autrement, que comme elles sont cy-dessus figurées: En témoin de ce, Nous avons mis à ces Presentes le scel de la Prevôté des Marchands. Ce fut fait & donné au Bureau de la Ville le Vendredy sixiéme jour de Juillet mil six cens vingt-neuf.

AUJOURD'HUY datte des Presentes sont comparus pardevant les Notaires Gardenottes du Roy notre Sire en son Châtelet de Paris, soussignez, Estienne Barbara, Jacques Charpentier, Claude Pouan, Nicolas Guinon, Germain Ferret & Gabriel Cressi, tous Maîtres & Gardes, tant anciens que nouveaux de present en charge, tant pour eux que pour les autres Maîtres & Gardes du Corps & Communauté des Marchands de Vin de cette Ville de Paris y demeurant; lesquels ont dit & declaré que quoiqu'ils ayent assisté à l'Entrée que fit Monsieur le Cardinal Georges d'Amboise en qualité de Legat en cettedite Ville de Paris en l'année 1501. que depuis feu Henry III. que Dieu absolve, par ses Lettres Patentes données au mois de Décembre 1585. & verifiées au Parlement sans aucune opposition, pour juste cause les érigea en Corps & Communauté, avec faculté d'élire des Maîtres & Gardes, & leur octroya Statuts, Ordonnance & Reglements, & qu'ils ayent été ensuite reconnu en cette qualité & reçus les Ordres & Mandemens de Messieurs les Prevôt des Marchands & Eschevins de cettedite Ville, pour assister aux Assemblées & Ceremonies plus remarquables, & entr'autres à l'Entrée, Sacre & Couronnement de la feue Reine Mere, qui se fit en l'année 1610. & après à celle de Monsieur le Cardinal Barberin en l'année 1625. suivant les Mandemens à eux envoyez par lesdits Sieurs Prevôt des Marchands & Eschevins de l'Ordre du feu Roy Henry IV. & même que depuis ils ayent été confirmez par Lettres Patentes de Sa Majesté du mois d'Août 1647. pour jouir de tous les honneurs & Privileges dont jouissent les six autres Corps des Marchands de Paris, & assister en leur rang aux Ceremonies & Entrées des Rois & des Reines & autres, comme ils ont fait en consequence, tant à l'Entrée de la Reine de Suede qui se fit le 8. Septembre 1656. qu'en celle de la Reine presente qui se fit en l'année 1660. Neanmoins en l'occasion presente de l'Entrée qui se doit faire du Legat, ayant apris qu'elle se devoit faire cette semaine ou la prochaine, & que l'ordre avoit été donné à tous ceux qui y doivent assister, fors qu'audit Corps & Communauté desdits Marchands de Vins, ils se seroient depuis quelques jours en-ça adressez à Monsieur Voisin Prevôt des Marchands, & l'auroient requis de leur donner l'ordre & mandement pour assister à la Ceremonie de ladite Entrée ; ce qu'il leur auroit refusé, disant n'avoir eu aucune charge de ce faire : & comme ils jugent que ledit refus procede par la brigue & empêchement des six autres Corps leurs Parties adverses, attendu qu'ils ont toûjours fait leur possible pour les troubler & empêcher en la possession & jouissance des honneurs & Privileges à eux accordez par Sa Majesté & ses prédecesseurs, & d'ailleurs que le tems est trop bref pour pouvoir faire vuider ledit empêchement, & avoir les Arrêt & Ordre pour ce nécessaires : c'est pourquoi ils déclarent que le sujet pour lequel ils s'abstiendront d'assister à ladite Ceremonie presente pour l'Entrée dudit Legat, n'est que pour ne point apporter aucun trouble entr'eux & lesdits six Corps en la marche d'icelle Ceremonie, & sans tirer à consequence & s'en pouvoir par lesdits six Corps se prévaloir allencontre d'eux à l'avenir, & aux protestations qu'ils font que cela ne leur pourra nuire ni préjudicier à leurs droits & Privileges, & de se pourvoir & s'en plaindre par tout où besoin sera, pour être maintenus & gardés en la possession & jouissance de leursdits Privileges, dont & de tout ce que dessus lesdits Comparans ont requis Acte ausdits Notaires soussignez, qui leur ont octroyé & délivré le present en l'Etude de de Saint-Jean l'un des Notaires soussignez, pour leur servir & valoir en tems & lieu, ainsi que de raison : Ce fut ainsi fait, dit, déclaré, protesté, requis & octroyé par lesdits Notaires soussignez, l'an mil six cens soixante-quatre, le vingt-troisiéme jour de Juillet avant midy, & ont signé la minute des Presentes demeurée audit de Saint-Jean Notaire.

Protestations des Gardes Marchands de Vin contre l'Opposition des six Corps à la Ceremonie.

J'Ay Nicolas Jeannin de Castille, Conseiller du Roy en son Conseil d'Etat, & Trésorier de son Epargne : Confesse avoir reçu comptant en la Ville de Paris, du Corps & Comnauté de la Marchandiſe de Vins à Paris, par les mains de Martin Charon, Nicolas Poitevin, Leonard Compagnot & Jean Perier, Maîtres & Gardes dudit Corps & Communauté, la ſomme de quarante mille livres en pieces de vingt ſols, cinquante-huit ſols & monoye, pour le ſort principal de trois mille trois cens trente-trois livres ſix ſols huit deniers de rente, à raiſon du denier douze, qui leur ſeront vendues & conſtituées par Meſſieurs les Prevôt des Manchands & Eſchevins de ladite Ville de Paris, ſur le million de livres de rente à eux nouvellement alienez par Sa Majeſté, en conſequence de ſon Edit du mois de Septembre 1644. verifié où beſoin a été, à prendre ſur les quatre livres diſtraits des droits d'Entrée qui ſe levent ſur le vin à Paris, pour jouir par ledit Corps & Communauté deſdits trois mille trois cens trente trois livres ſix ſols huit deniers de rente, ſans aucun retranchement d'arrerages, à faute de rachapt perpetuel ; ainſi qu'il ſera plus au long contenu & declaré par le Contract de Conſtitution qui leur ſera expedié de ladite rente par leſdits Sieurs Prevôt des Marchands & Eſchevins, conformément audit Edit, ladite ſomme de quarante mille livres à moi ordonnée par Sa Majeſté pour convertir & employer au fait de mondit Office, de laquelle je me tiens comptant, bien payé, en quitte ledit Corps & Communauté, & tous autres, témoin mon ſeing manuel cy mis. A Paris le vingt-ſixiéme jour de Juillet mil ſix cens quarante-ſept. Quittance du Tréſorier de l'Epargne année mil ſix cens quarante-cinq. Signé, JEANNIN DE CASTILLE.

LOUIS, par la grace de Dieu, Roy de France & de Navarre : A tous preſens & à venir ; SALUT. Nos chers & bien amez les Marchands de Vin en gros & détail, Hôteliers Cabaretiers, Bourgeois de notre bonne Ville, Fauxbourgs & Banlieue de Paris : NOUS ont fait remontrer que le feu Roy Henry III. par ſes Lettres Patentes du mois de Décembre l'an 1585. verifiées en notre Cour de Parlement, le 28. Juin de l'année 1587. les ayant pour le bien & utilité publique, entretenement & negociation du trafic de la marchandiſe de Vin, érigée en Corps & Communauté, avec faculté d'élire de deux en deux ans quatre des principaux & plus qualifiez d'entr'eux, à la Charge de Maîtres & Gardes pour faire les visites sur tous les autres Marchands de leur Corps ; ce qui étoit plûtôt une confirmation des autres droits, dont ils peuvent dire avec verité, qu'ils étoient en possession dès plusieurs siécles auparavant, qu'une nouvelle érection & attribution desdits droits, en consequence desquels il leur auroit par ses Lettres du mois d'Octobre 1587. aussi verifiées en notre Cour de Parlement, accordé & octroyé les Statuts, Reglemens & Ordonnances nécessaires pour la conservation de l'exercice & Police de leur trafic, depuis lequel tems ils ont toûjours été reconnus comme l'un des Corps des plus considerables, tant pour le nombre de personnes qui composent ledit Corps, que pour les grandes sommes de deniers dont ils ont secouru les Rois nos prédecesseurs, & Nous à present dans les urgentes affaires de l'Etat, & ont traité toutes leurs affaires en la même forme & maniere que les autres anciens Corps ; en cette qualité ils ont reçû les Ordres & les Mandemens des Prevôt des Marchands & Eschevins, pour assister aux Assemblées & Ceremonies plus importantes, & entr'autres à l'Entrée préparée au Sacre & Couronnement de la défunte Reine notre Ayeule de très heureuse memoire, avec les habits qui leur auroient été prescrits par lesdits Prevôt des Marchands & Eschevins pour prendre leur rang & marcher avec les autres Corps des Marchands, selon qu'il leur seroit ordonné ; ils ont reçû un même Ordre & Mandement de la part desdits Prevôt des Marchands & Eschevins de cette Ville de Paris, pour assister à la reception & Entrée de notre Cousin le Cardinal Barberin Legat du Saint Pere, à l'execution duquel y ayant eu opposition formée par les six autres Corps des Marchands de cette Ville, lesdits Prevôt des Marchands & Eschevins ausquels ladite opposition auroit été renvoyée par Arrêt de notre Parlement, auroient ordonné que leur Mandement seroit executé, nonobstant oppositions ou appellations quelconques : Ensuite de laquelle Ordonnance les Supplians ont rendu à ladite Ceremonie l'assistance à laquelle ils étoient obligez ; & pour marque & approbation de leur Corps & Communauté, lesdits

Comme les Gardes ont assisté à la Ceremonie, au préjudice de l'opposition des six Corps.

dits Prevôt des Marchands & Eschevins leur ont baillé des Armoiries peintes & azurées ainsi qu'aux autres Corps, pour s'en servir aux occasions nécessaires, ce qui est considerable; & lors de la convocation des trois Etats de ce Royaume, le Sieur Miron, Président aux Enquêtes en notre Parlement de Paris, & Prevôt des Marchands, ayant été député par le Corps de notredite Ville, a envoyé ses Ordonnances à tous les Corps des Marchands pour présenter leurs cahiers, il leur auroit envoyé une même Ordonnance le 23. Juillet 1614. suivant laquelle ils firent soigneusement rédiger les Articles qu'ils estimoient nécessaires pour le bien public, le soulagement du Peuple & le bien de la négociation. En cette même qualité, en même tems de la création des Juges-Consuls, ceux de leur Corps ont été appellez au Consulat, & y en a grand nombre qui ont rempli la Charge avec suffisance, grande probité, même à l'Eschevinage, dont les Registres de la Maison-Consulaire & de l'Hôtel de Ville, où sont les noms transcrits, en font mention en tous les Arrêts, tant de notre Conseil que de notre Parlement de Paris, Chambre des Comptes & Cour des Aydes. Leurs Gardes ont été instituez Maîtres & Gardes du Corps & Communauté des Marchands de Vin, qui est la principale marque des Corps & Communautez légitimement établies en cette Ville de Paris: Et quand notredit Parlement a voulu instruire sa religion pour quelque fait important, il a appellé leurs Gardes conjointement avec les Gardes des autres Corps & Communautez, & leur a donné la qualité de septiéme Corps en cette Ville de Paris, toutes les Lettres de nos prédecesseurs portant Confirmation de leurs Privileges, leur ont été accordées & verifiées avec les mêmes Titres de Corps & Communauté; ils ont leur Chambre & Bureau où ils ont leurs Assemblées; les Maîtres & Gardes font leurs visites sur tous ceux de leurs Corps, & veillent avec soin à la conservation de leurs Statuts. En l'année 1615. le Commis au recouvrement des deniers du droit de Confirmation dû au défunt Roy Louis XIII. d'heureuse memoire notre très-honoré Seigneur & Pere, ayant fait commandement à plusieurs particuliers de leur Corps & Communauté, de payer les sommes auf-

Comme les Gardes ont été admis au Consulat & à l'Eschevinage.

Comme on est reputé septiéme Corps.

quelles il les avoit fait taxer, Sa Majesté par Arrêt de son Conseil du 29. May de l'année 1615. fit défenses de lever lesdites taxes comme préjudiciables à leur érection, & ordonna qu'ils seroient cottisez en Corps, à la somme de dix mille livres, laquelle seroit distribuée sur tous les particuliers, par le Lieutenant Civil, par l'avis des Maîtres & Gardes & des anciens Marchands de leurs Corps & Communauté, & ensuite lors de la réduction de la Ville de Corbie, ils ont contribué pour le secours de nos affaires, la somme de huit mille livres ; & pour l'Advenement à notre Couronne, ils ont été taxez en la même qualité de Corps & Communauté, à la somme de quarante mille livres ; & bien qu'il ne se puisse rien désirer pour la perfection de leur établissement, puisqu'il est conforme à celuy des autres Corps & Communautez de cette Ville de Paris, qui tiennent tous les érections & leurs institutions de notre Autorité & de celle de nos prédecesseurs ; que leur érection en Corps soit très-importante au Public pour la conséquence de leur négoce & le grand nombre de personnes, dont leur Corps est composé, qui ne peut être bien policé que par les soins des Maîtres & Gardes, neanmoins ils y sont toûjours traversez par les six Corps de cette même Ville de Paris, lesquels lors de l'Entrée de ladite défunte Reine notre ayeule, leur contesterent l'honneur de participer à porter le Dais ; & l'occasion qui étoit pressante, n'ayant pas permis d'examiner tous leurs droits & leurs titres, donna lieu audit Arrest de notre Conseil, par lequel il fut ordonné qu'ils s'abstiendroient de porter ledit Dais, jusqu'à ce qu'autrement il en eût été ordonné. Les mêmes six Corps formerent des oppositions à toutes les Lettres que les Supplians obtinrent pour la confirmation de leurs Privileges : ce qui a donné lieu à nombre d'Instances qui sont encore pendantes en notredit Parlement de Paris ; même ils font nombre d'Assemblées publiques, comme à l'Election des Consuls, sans y appeller les Maîtres & Gardes, & par ce moyen sont refusans de les reconnoître l'un des Corps des Marchands de cette Ville ; ce qui leur cause de grands & notables préjudices, & les privent de la meilleure partie de la grace & des principaux ef-

Opposition des six Corps à toutes les Lettres des Marchands de Vin.

fets de leurdite érection & notre intention : Requerant qu'il Nous plaise leur pourvoir. A CES CAUSES, sçavoir faisons ; Qu'ayant fait voir à notre Conseil lesdites Lettres Patentes d'érection des Supplians en Corps & Communauté, leurs Articles & Statuts, les Arrests de verification, les Titres de Confimation des Rois nos prédecesseurs, & inclinant liberalement à l'humble Requête des Supplians, que Nous desirans bien & favorablement traiter pour le secours nouveau qu'ils font à nos presentes affaires, que pour autres causes & considerations à ce Nous mouvans, leur avons confirmé & continué, & par la teneur des Presentes, de notre certaine science, pleine puissance & autorité Royale, confirmons & continuons leursdites Lettres d'Erection, Articles & Statuts que Nous voulons être gardez & observez de point en point selon leur forme & teneur nonobstant toutes les oppositions & empêchemens qui y peuvent avoir été formez, que Nous avons levez & ôtez ; Voulans d'abondant qu'ils soient reconnus en qualité de l'un des Corps & Communautez de cette Ville de Paris, qu'ils jouissent de tous les honneurs & Privileges dont jouissent les autres Corps des Marchands ; qu'ils soient appellez à l'Entrée des Rois & Reines pour y avoir leur rang, porter le Dais & avoir part à toutes les autrres Ceremonies comme les autres Corps des Marchands ; qu'ils soient pareillement appellez aux Assemblées pour la nomination des Juges-Consuls, & à toutes autres Assemblées publiques & particulieres : Enjoignons aux Prevôt des Marchands & Eschevins, leur adresser leurs Ordonnances & Mandemens, comme aux autres Corps, en toutes les occasions qui le requierent, & ausdits six Corps de notredite Ville de Paris de faire appeller à toutes les Assemblées publiques, soit pour l'élection des Juges-Consuls & autres, les Maîtres & Gardes de la Marchandise de Vin, à peine de nullité desdites Assemblées : Si donnons en mandement à nos amez & feaux Conseillers, les Gens tenans notre Cour de Parlement de Paris, Prevôt dudit lieu ou son Lieutenant, & à tous autres nos Justiciers & Officiers qu'il appartiendra, que ces Presentes ils fassent lire, publier & enregistrer, & du contenu en icelles ;

Main levée de l'opposition des six Corps & comme le Roy veut qu'ils soient mandez aux Assemblées pour la nomination des Juges-Consuls.

ensemble desdits Privileges, Statuts & Arrêts de notredit Conseil d'Etat, ils fassent, souffrent & laissent lesdits Supplians jouir & user pleinement & paisiblement, cessant & faisant cesser tous troubles & empêchemens au contraire : CAR tel est notre plaisir : & afin que ce soit chose ferme & stable à toûjours, Nous avons fait mettre notre scel à cesdites Presentes, sauf en autres choses notre droit & l'autruy en toutes. DONNE' à Paris au mois d'Août, l'an de grace mil six cent quarante-sept, & de notre Regne le cinquiéme. Signé, LOUIS : Et à côté est écrit : Registré au Greffe des Expeditions de la Chancellerie de France, le dix-septiéme Juillet mil six cens quarante-sept. Signé LE BRUN. & sur le reply, par le Roy, la Reine Regente sa Mere présente. Signé, PHELYPEAUX. Et scellé du grand Sceau de cire verte

Confirmation des nouveaux Statuts des Marchands de Vins de Paris.

LOUIS, par la grace de Dieu, Roy de France & de Navarre : A tous présens & à venir, SALUT. Nos chers & bien-amez les Maîtres & Gardes du Corps & Communauté des Marchands de Vins, tant en gros qu'en detail, Hôteliers & Cabaretiers de notre bonne Ville, Fauxbourgs de Paris, Nous ont fait remontrer qu'ils nous auroient cy-devant présenté les Articles, Statuts & Reglemens par eux dressez, pour éviter aux abus & malversations qui se commettent par aucunes personnes qui s'ingerent d'exercer & faire trafic de ladite Marchandise de Vins, sans avoir aucune connoissance ni experience d'icelle; lesquels Articles, Statuts & Reglemens Nous aurions par nos Lettres Patentes du
1647. quinziéme Juillet dernier, renvoyé à notre amé & feal Conseiller en nos Conseils, le sieur d'Aubray Lieutenant Civil en notredite Ville, Prévôté & Vicomté de Paris, & à notre Procureur au Chastelet de ladite Ville, afin de Nous donner

eur avis sur la commodité ou incommodité que le Public peut recevoir de l'execution & observation desdits Statuts & Reglemens: Ensuite duquel renvoy ledit sieur d,Aubray avec notredit Procureur au Chastelet, ayant veu dûement & diligemment examiné lesdits Statuts & Reglemens, ils Nous auroient le dix-neuviéme dudit mois de Juillet, envoyé leur avis, & assuré que Nous pouvons accorder & homologuer lesdits Statuts & Reglemens, pour être iceux executez selon leur forme & teneur; au moyen de quoy, lesdits Maîtres & Gardes du Corps & Communauté desdits Marchands de Vins, Nous ont très-humblement supplié de vouloir confirmer & homologuer lesdits Statuts & Reglemens pour jouir du contenu d'iceux pleinement & paisiblement, & à ces fins leur octroyer nos Lettres sur ce necessaires. A CES CAUSES, désirant favorablement traiter lesdits Maîtres & Gardes du Corps & Communauté desdits Marchands de Vins, tant en gros qu'en détail, Hôteliers & Cabaretiers de notredite Ville & Fauxbourgs de Paris: Et voulant faire cesser les abus qui se sont glissez dans le commerce, trafic & vente de ladite Marchandise de Vins, après avoir fait voir en notre Conseil lesdits Articles, Statuts & Reglemens, ensemble l'avis sur iceux à Nous envoyé par nosdits Lieutenant Civil & Procureur audit Chastelet de Paris, le tout cy-attaché sous le contre-scel de notre Chancellerie: AVONS de l'avis de notredit Conseil, & de notre grace speciale, pleine puissance & autorité Royale, iceux Articles, Statuts & Reglemens, louez, agréez, approuvez, confirmez & homologuez, & par ces Presentes louons, agréons, approuvons, confirmons & homologuons, Voulons & Nous plaist qu'ils soient à l'avenir inviolablement gardez, entretenus, observez & executez de point en point, selon leur forme & teneur, par lesdits Marchands de Vin, tant en gros qu'en détail, Hôteliers & Cabaretiers de notredite Ville & Fauxbourgs de Paris, & leurs successeurs ausdits Etats, sans qu'il y soit contrevenu en quelque sorte & maniere que ce soit, sur les peines y contenues. SI DONNONS en mandement à nos amez & feaux Conseillers, les Gens tenans notre Cour de Parlement à Paris, Cour des Aydes, Prevôt dudit lieu, ou fondit Lieutenant Civil, Prevôt des Marchands de notredite Ville de Paris, & à tous nos autres Justiciers Officiers, qu'i appartiendra, qu'ils ayent à proceder à la verification desdits Articles, Statuts & Reglemens, & du contenu en iceux & ès Presentes, faire jouir & user pleinement, paisiblement & perpetuellement lesdits Marchands de Vins, tant en gros qu'en détail, Hôteliers & Cabaretiers de notredite Ville & Fauxbourgs de Paris, contraignant à ce faire souffrir & obéir tous ceux qu'il appartiendra, & qui pour ce faire seront à contraindre par toutes voyes dues & raisonnables; CAR tel est notre plaisir: Et afin que ce soit chose ferme & stable à toûjours, Nous avons fait mettre notre Scel à cesdites Presentes, sauf en autres choses notre droit & l'autruy en toutes. DONNE' à Paris au mois d'Août, l'an de grace mil six cens quarante-sept, & de notre Regne le cinquiéme. Signé LOUIS: Et sur le reply, par le Roy, la Reine Regente sa Mere presente. Signé, PHELYPEAUX. Et scellé de cire verte

Registré au Greffe des Expeditions de la Chancellerie de France, le septiéme Août mil six cens quarante-sept. Signé LE BRUN.

Les Presentes Lettres ont été lües, publiées & enregistrées au Registre de l'Audience de la Chambre de Monsieur le Procureur du Roy au Châtelet de Paris, icelle tenante, le onziéme Février mil six cens soixante-trois, par Nous Armand Jean de Ryans, Chevalier, Baron de Riveray, la Galisiere & autres lieux, Conseiller du Roy en ses Conseils, & son Procureur au Châtelet, Premier Juge Conservateur des Corps des Marchands, Arts & Métiers, Maîtrises & Jurandes de cette Ville, Fauxbourgs & Banlieue, ce requerant Hargenvillier Procureur des Maîtres & Gardes du Corps & Communauté des Marchands de Vins de cette Ville, Fauxbourgs & Banlieue, pour leur servir & valoir ce que de raison. Signé, GALOINE.

Registrées, oüy le Procureur Général du Roy, pour être executées & jouir par les Impetrans de l'effet & contenu en icelles, selon leur forme & teneur. A Paris en Parlement, le neuviéme jour d'Août mil six cens soixante-un. Signé, DU TILLET.

STATUTS

ET REGLEMENS

FAITS ET DRESSEZ PAR LES MAISTRES & Gardes du Corps & Communauté des Marchands de Vins, tant en gros qu'en détail, Hôteliers & Cabaretiers de la Ville, Fauxbourgs & Banlieue de Paris, résolus dans leur Assemblée, pour estre gardez & observez par chacun desdits Marchands de Vins, sur les peines contenues ausdits Reglemens; lesquels lesdits Maistres & Gardes supplient très-humblement Sa Majesté de confirmer & approuver, afin qu'il n'y soit contrevenu, le tout pour le bien des Sujets de Sa Majesté & utilité publique, entretenement & negociation de ladite Marchandise de Vins.

PREMIEREMENT.

POUR éviter aux abus & malversations qui se commettent par aucuns qui s'ingerent & entreprennent de faire ladite Marchandise de Vins sans aucune capacité au negoce & trafic d'icelle Marchandise, qui requiert une grande & longue experience pour s'y bien connoître, & distinguer la difference des goûts qu'il y a à cause des Vins qui se tirent de diverses contrées & plusieurs Provinces; ce qui est grandement considerable & necessaire d'empêcher qu'aucune personne y soit admis, & particulierement ceux qui vendent par occasion & selon l'occurrence des tems, Bierre, Cidre, Poiré, Graisse, Huîle & autres choses mal seantes & incompatibles avec ladite Marchandise de Vins, & qui est important audit negoce & préjudiciable au corps humain & au Public, & contre les Ordonnances, Reglemens & Statuts d'icelle Marchandise exercée par l'un des principaux Corps & Communautez de notredite Ville de Paris, tant à cause du grand nombre de personnes qui composent ledit Corps, que pour l'utilité & commodité que le Public en reçoit: & comme par la suite des années ces abus, malversations & corruptions se sont glissées par aucuns Marchands faisant ledit trafic, par la négligence ou connivence de ceux qui ont été cy-devant pourvûs aux Charges de Gardes; à quoi il est besoin de remedier, c'est pourquoi pour éviter ausdits abus & malversations qui se pourroient commettre à l'avenir, nul n'y pourra être reçu qu'en présence des quatre Gardes en Charge, & deux Anciens qui seront élûs à l'instant de l'élection des deux nouveaux Gardes pour assister à ladite reception, & voir s'il est capable d'exercer ladite Marchandise, & pour cet effet s'assembleront dans leur Bureau tous les jours de Mardis, neuf heures du matin de chaque semaine, pour proposer & résoudre toutes sortes d'affaires qui se présenteront concernant le fait de ladite Marchandise de Vins.

II.

Que lesdits Marchands de Vins, tant en gros qu'en détail, Hôteliers & Cabaretiers de cette Ville, Fauxbourgs & Banlieue de Paris, sont & demeureront à l'avenir, comme ils ont été jusqu'à present, unis & incorporez en un seul & même Corps & Communauté, régis & gouvernez sous mêmes Loix, Statuts & Ordonnances, & par mêmes Gardes qui seront par eux élûs en la forme cy-après déclarée, sans qu'à l'avenir ils se puissent séparer les uns des autres, pour quelque cause & occasion que ce soit.

III.

Que pour le bien & utilité publique dudit Corps & Communauté, direction & administration des affaires d'icelle, entretenement, execution desdits Statuts & Ordonnances, demeureront quatre Maîtres & Gardes en Charge, ainsi qu'ils ont toûjours été depuis le têms de leur érection, lesquels seront nommez & élûs en la forme & maniere cy-après déclarée.

IV.

IV.

Que lesdits quatre Maîtres & Gardes qui sont & seront cy-après en Charge pour éviter à toute confusion & désordre, à cause de la quantité de Marchands qu'il y a audit Corps, feront à l'avenir comme ils ont fait cy-devant de l'Ordonnance de notre Lieutenant Civil, appeller tous les anciens Gardes, avec soixante autres Marchands dudit Corps & Communauté, tant anciens que modernes, pour comparoir en son Hôtel ou à leur Bureau, en présence de notre Procureur au Chastelet, sur la fin du mois d'Août ou environ; & après avoir fait le serment en la forme & maniere accoûtumée, seront appellez selon leur rang les uns après les autres, pour élire & donner leurs suffrages à deux anciens Marchands de bonnes vie, mœurs & probité reconnue, pour entrer en ladite Charge de Gardes, & en faire l'exercice & fonction durant le tems & espace de deux années consecutives, au lieu & place des deux anciens qui en sortiront tous les ans au jour de la Saint Remy ensuivant; lesquels Gardes nouveaux élûs feront le serment accoûtumé pardevant notredit Lieutenant Civil & notredit Procureur, de bien faire & exercer ladite Charge en leur conscience, garder & observer exactement les Visites tant generales que particulieres, laquelle Charge après qu'ils y auront été élûs, comme est dit cy-dessus, ne pourront refuser de l'accepter, pour quelque cause & occasion que ce soit.

V.

Que tous les Marchands dudit Corps & Communauté qui seront dûement avertis pour assister & se trouver à ladite Election, y seront obligez sur peine contre chacun des absens & défaillans de quatre livres parisis d'amende, moitié applicable aux Pauvres, & l'autre moitié à leur Chapelle & du Service Divin qui s'y fait, sinon en cas de maladie ou legitime empêchement.

VI.

Que lesdits soixante Marchands qui auront assisté à la derniere Election, ne seront mandez ni ne pourront assister en une autre suivante que deux années après passées & expirées; & pour y observer un bon ordre à l'avenir, en sera fait Registre qui demeurera dans leur Bureau, où seront écrits leurs noms d'année à autre.

VII.

Que tous ceux qui font à présent état & trafic de ladite Marchandise de Vins en cette Ville, Fauxbourgs & Banlieue de Paris, & qui ont prêté le serment pardevant notredit Procureur au Chastelet, & reçûs & pourvûs de Lettres par les Gardes cy-devant en Charge, seront reconnus & déclarez pour Marchands de Vins, & comme tels incorporez audit Corps & Communauté, pourvû qu'ils ne dérogent à l'avenir aux Statuts & Ordonnances de ladite Marchandise.

VIII.

Pour les Apprentissages.

Que nul ne pourra être reçû cy-après pour faire état & trafic de ladite Marchandise dans la Ville, Fauxbourgs & Banlieue de Paris, qu'il n'ait fait apprentissage durant le tems & espace de quatre années consecutives sous l'un des Marchands dudit Corps & Communauté, ou bien qu'il fût Fils de Marchand né en loyal mariage, & capable d'exercer ladite Marchandise, conformément à l'article II. des anciens Statuts; & encore ledit Apprentif, outre les quatre années de sondit apprentissage, sera tenu servir deux ans après sondit Maître ou autre Marchand dudit Corps, avant que d'être admis & receu en qualité de Marchand pour faire état & trafic de ladite Marchandise.

IX.

Qu'auparavant de proceder à la reception d'aucuns Marchands pour faire trafic de ladite Marchandise de Vins, lesdits Gardes seront tenus s'enquerir diligemment des bonnes vie, mœurs & religion de celui qui demandera à être reçû, afin que s'il se trouve n'être de la Religion Catholique, Apostolique & Romaine, ou qu'il fût diffamé de quelque vice notable dont il pût ençourir notre d'infamie, en avertir notredit Procureur au Chastelet, le débouter & rejetter de ladite Marchandise, conformément à l'article III. des anciens Statuts.

X.

Et au cas que celui qui se présentera pour être reçû & admis à ladite Marchandise de Vins, soit trouvé suffisant & capable, & de la qualité requise, lesdits Gardes le présenteront à notredit Procureur pour lui faire faire le serment, & le faire enregistrer en la maniere accoûtumée.

XI.

Pareillement ne pourront aucuns desdits Marchands de Vins, tel qu'il puisse être, exercer avec ledit trafic aucun Office de Vendeur de Vin, de Courtiers, Jaugeurs, Tonneliers, Déchargeurs & autres qui sont incompatibles avec ladite Marchandise, & défendus par les Ordonnances, conformément à l'article V. des anciens Statuts.

XII.

Que tous ceux qui font à présent état & trafic de ladite Marchandise de Vins, & qui font exercer d'autres Métiers & Vacations, seront tenus d'opter dans six semaines après qu'ils en auront été dûement advertis par lesdits Gardes, sur peine de confiscation du vin qui se trouvera à eux appartenir, & de telle amende qu'il plaira à Justice ordonner.

XIII.

Que nul ne pourra être reçû audit état & Marchandise, s'il n'est originaire François, ou bien qu'il n'ait obtenu de Nous Lettres de Naturalité, dûement verifiées où besoin sera.

XIV.

Seront faites défenses à tous Marchands dudit Corps & Communauté, soustraire les Apprentifs ou Serviteurs les uns des autres pour les retenir à leur service, si ce n'est du consentement des Maîtres qu'ils auront les derniers servis, ou que par Justice il le fût permis.

XV.

Comme auſſi ne pourront employer & retenir à leurdit ſervice les ſerviteurs qui ſe ſeront départis du ſervice d'autres Marchands, pour larcin ou autre cas digne de punition, premierement que leſdits Serviteurs n'ayent été purgez des cas à eux impoſez, ainſi qu'il eſt porté par l'article VII. des anciens Statuts.

XVI.

Que les Veuves deſdits Marchands de Vins, tant en gros qu'en détail, Hôteliers & Cabaretiers, durant le tems qu'elles demeureront en viduité, jouiront de pareils Privileges que leur défunt Maris; & ſi elles ſe remarient en ſecondes nôces, ou qu'elles ſoient convaincues d'avoir fait faute en leur veuvage, elles perdront leurs Privileges, & ne pourront s'entremettre de faire ladite Marchandiſe, conformément au VIII. article des anciens Statuts.

XVII.

Que leſdites Veuves pourront, & leur ſera permis de faire parachever aux Serviteurs & Apprentifs qui auront été obligez à leurs défunts Maris, leur tems & ſervice ſous elles, pourvû qu'elles continuent le même trafic, & qu'elles ne ſe remarient à d'autres Marchands de Vins, autrement elles ſeront tenues remettre leſdits Serviteurs ès mains des Maîtres & Gardes en Charge, pour leur pourvoir d'autres Maîtres avec leſquels ils parachevront le tems de leurs ſervices; & ne pourront auſſi leſdites Veuves, encore qu'elles continuent ledit trafic de Marchandiſe de Vins, prendre ou faire obliger aucuns Apprentifs nouveaux, mais ſeulement avoir des Serviteurs pour s'en ſervir au fait de Marchandiſe, conformément aux IX. & X. articles des anciens Statuts.

XVIII.

Qu'il ne ſera permis ni loiſible à aucuns deſdirs Marchands d'avoir & retenir à leur ſervice qu'un Apprentif en même tems, ou deux au plus, ſinon qu'étant ſur la fin de leur apprentiſſage, il pourra en prendre & faire obliger un autre pour être inſtruit & conduit au fait de ladite Marchandiſe ; & en cas que l'un ou l'autre deſdits Apprentifs s'enfuye ou s'abſente du logis & ſervice de ſondit Maître avant que le tems de ſon apprentiſſage ſoit parachevé, en ce cas ledit Maître ſera tenu de faire ſon poſſible pour le trouver, & s'il ne veut faire & parachever ſon tems d'apprentiſſage, le fera renoncer audit état & marchandiſe ; & pour ce faire le conduira au Bureau dudit Corps & Communauté, pardevant les Maîtres & Gardes en Charge, pour en être fait Regiſtre & décharger ſon Brevet d'apprentiſſage dans la quinzaine ſur le Regiſtre des Apprentifs de ladite Marchandiſe de Vins, où ſont enregiſtrez leſdits Brevets, pour éviter & empêcher les abus qui s'y pourroient commettre.

XIX.

Que leſdits Marchands, quinze jours après qu'ils auront fait obliger leur Apprentifs, ſeront tenus de les faire enregiſtrer en la Chambre de notredit Procureur au Châtelet, aſſiſté de l'un des Gardes de ladite Marchandiſe, & payeront leſdits Maîtres pour l'enregiſtrement de chacun deſdits Apprentifs, la ſomme de douze ſols pariſis, ſur peine contre les contrevenans à ce préſent Article, & qui n'y auront ſatisfait dans le tems, de payer quatre livres pariſis d'amende, applicable moitié aux pauvres, l'autre moitié à l'entretenement de leur Chapelle & Service Divin qui s'y célebre durant l'année.

XX.

Ne pourront leſdits Maîtres tranſporter leſdits apprentifs les uns aux autres, ſans avertir les Gardes en Charge, leſquels ſeront tenus d'en faire Regiſtre pour éviter aux abus qui ſe pourroient commettre, ſur peine auſſi contre les contrevenans de quatre livres pariſis d'amende, applicable comme deſſus, conformément au XIII. Article des anciens Statuts.

XXI.

Qu'il ne ſera loiſible ni permis à tous ceux qui auront été reçûs Marchands audit Corps & Communauté, & qui font trafic de ladite Marchandise de vin, de vendre ni débiter en détail dans leurs maisons, boutiques, caves ou celliers, aucune Bierre, Cidre, Poiré, Eau-de-vie & autres liqueurs & breuvages qui sont incompatibles avec le Vin, sur peine de confiscation & de telle amende qu'il plaira à Justice ordonner : Et enjoint ausdits Gardes presens & à venir, d'y tenir la main ; & en cas de contravention, faire fermer lesdites maisons, caves & celliers, & abattre les bouchons, & pour ce faire se feront assister d'un Commissaire ou Sergent du Châtelet, pour leur prêter main-forte si besoin est, & en faire un bon & fidele rapport pardevant notredit Lieutenant Civil & notredit Procureur audit Châtelet, pour en juger ainsi qu'il avisera être à faire par Justice.

XXII.

Que nul Hôtelier ni Cabaretier, ne pourra vendre ni donner à manger en sa maison aucune viande durant le saint tems de Carême, & autres jours de l'année défendus par notre Mere sainte Eglise.

XXIII.

Que nul Marchand en détail ni Cabaretier, ne donneront à boire ni à manger à aucuns Habitans de la Ville de Paris, les jours de Dimanches & Fêtes solemnelles durant le Service Divin, suivant & conformément aux Ordonnances & Reglemens de Police.

XXIV.

Pour distinguer les Hôteliers & Cabaretiers des Marchands de vin en gros & en détail, nul ne sera tenu ni réputé pour Hôtelier ni Cabaretier, s'il ne sert à table couverte de nappe & assiette dessus pour mettre de la viande.

XXV.

Que pour faciliter le trafic & donner moyen aux pauvres & mediocres Marchands dudit Corps & Communauté de gagner leur vie, qu'à l'avenir il ne sera loisible ni permis à aucuns Marchands dudit Corps, tel qu'il puisse être, de tenir ni faire ouvrir dans la Ville & Fauxbourgs de Paris, qu'une cave ouverte, pour y faire vendre Vin en détail, sinon en cas de nécessité & qu'il soit trop chargé de Vin, en avertiront les Gardes en Charge, pour obtenir d'eux la permission d'en ouvrir une autre, & qu'ils permettront s'ils jugent qu'il soit expédient & raisonnable, & ce en considération que la Marchandise de Vin n'est pas de garde & beaucoup plus périssable que celle des autres Marchands, ausquels il n'est permis de tenir qu'une Boutique ouverte.

XXVI.

Ne pourront lesdits Marchands, outre les deux Tavernes qui leur seront permises, en faire ouvrir d'autres pour y vendre vin en détail dans la Ville ny Fauxbourgs, sous aucuns noms supposez ny empruntez, & pour quelque occasion ou autre prétexte que ce puisse être, sur peine contre les convenans d'être déchûs des Privileges de ladite Marchandise de Vins, confiscation des Marchandises, & telle amende qu'il plaira à Justice ordonner.

XXVII.

Qu'il ne sera loisible ny permis à tous Forains, tel qu'il puisse être, amenant Vins à Paris, de les faire décharger des Batteaux, ou les laisser sejourner sur terre, ny mettre en caves, solles ny celliers, pour les y vendre en gros ou en détail, mais seront tenus de les laisser sur la vente au vin dans les Batteaux, ou les faire mener à l'Etappe pour y être vendus en gros au Public, suivant & conformément aux Arrêts & Ordonnances de cette Ville de Paris ; & pour éviter aux abus qui s'y pourroient commettre, en cas de contravention, sera permis aux Gardes de ladite Marchandise faire retirer lesdits vins des lieux où les contrevenans les auront fait mettre, & les faire mener à l'Etappe aux frais & dépens de la chose, pour y être vendus en gros au Public.

XXVIII.

Que pour éviter aux fraudes, abus & malversations qui se pourroient commettre à ladite Marchandise, il sera permis

La Visite chez les Privilegiez gratis.

aufdits Maîtres & Gardes dudit Corps & Communauté, en faisant leur visite ordinaire & extraordinaire, d'entrer dans toutes les caves & celliers où l'on vendra vin en détail dans la Ville, Fauxbourgs & Banlieue de Paris, tant en celles des Bourgeois, que Privilegiez, pour y faire leurs visites, ainsi que sur les autres Marchands, sans que pour ce il leur soit permis de prendre aucune chose desdits Bourgeois qui ne vendront que le vin de leur cru, ny des Privilegiez, mais feront ladite visite *gratis*.

XX IX.

Droit de 52. sols.

Et d'autant qu'il convient faire plusieurs frais par les Maîtres & Gardes de ladite Marchandise de Vins pour icelle maintenir, conserver & observer pour les visites ordinaires & extraordinaires qu'il leur convient faire, tant sur les Marchands dudit Corps & Communauté qu'autres, pour empêcher de contrevenir aux Ordonnances, & aussi pour subvenir aux frais des procez & affaires qui surviennent en leur Corps, & ordonné par Sa Majesté, pour satisfaire à une partie desdits frais, que chacun Marchand qui voudra être reçu payera à sa reception, outre les droits du Roy, la somme d'un écu sol : Et encore seront tenus chacun desdits Marchands de Vins en gros & en détail, Hôteliers & Cabaretiers, de bailler & payer par chacun an ausdits Maîtres & Gardes, la somme de cinquante-deux sols pour chacune cave où ils vendront vins en détail, qui est un sol pour chacune semaine, pour subvenir aux affaires dudit Corps & Communauté de ladite Marchandise, ainsi qu'il est contenu aux anciens Statuts & Ordonnances, en l'Article XVIII. au payement de laquelle somme de cinquante-deux sols par chacun an, lesdits Marchands de Vins en gros & en détail, Hôteliers & Cabaretiers, seront contraints au payement d'icelle par toutes voyes dues & raisonnables.

XXX.

Que desdits quatre Maîtres & Gardes en Charge en sortiront deux par chacun an de ladite Charge, au premier jour d'Octobre d'Octobre, & les deux nouveaux élûs entreront en leur place, pour prendre soin & la direction des affaires dudit Corps & Communauté, conjointement avec les deux autres anciens qui seront demeurez.

XXXI.

Droit des Gardes.

Que lesdits Maîtres & Gardes pour leurs vacations d'administrer cette Charge, ne pourront prendre plus grands droits que ce qui a été jugé par les Arrêts de notre Cour de Parlement, aux autres Maîtres & Gardes des autres Marchandises de Paris, qui est à la reception des nouvaux Marchands, un écu sol à chacun desdits Gardes, excepté les Fils de Maîtres qui ne payeront que demy ecu, ansi qu'il est porté par l'Article XXVI. des anciens Statuts.

XXXII.

Droit du Clerc

Que tous Marchands qui se feront recevoir, bailleront au Clerc dudit Corps & Communauté desdits Marchands de Vins, la somme de soixante sols tournois, en consideration des services qu'il leur rend journellement, & pour l'occasionner de bien & fidelement servir à l'avenir ledit Corps & Communauté, sans diminution des salaires qui luy sont attribuez par icelle.

XXXIII.

Que les Gardes dudit Corps & autres anciens Marchands de Vins qui ont passé la Charge de Garde, lorsqu'ils seront appellez & nommez par Justice aux prisées & estimations des vins demeurez après le décès d'aucuns autres Marchands ou autres Bourgeois de la Ville & Fauxbourgs de Paris, ne pourront prendre aucune chose pour leurs salaires & vacations, mais les feront gratis.

XXXIV.

Permis de prendre ou de ne pas prendre un Commissaire dans les Visites.

Que lorsque lesdits Gardes procederont au fait des visites par la Ville, Fauxbourgs & Banlieue de Paris, ils se pourront faire assister d'un Commissaire ou Sergent du Châtelet; si bon leur semble, pour leur donner confort & ayde, & même si besoin est, faire ouverture & proceder par voye de scellé de tous les lieux où ils ſçauront ou auront avis qu'il y échet viſite ; il leur ſera permis, pour éviter aux malverſations & abus qui ſe pourroient commettre audit trafic de ladite Marchandiſe de vin, d'entrer dans toutes les caves & celliers qu'ils trouveront ouverts, où l'on vendra vin en détail, pour y faire le devoir de leur Charge, ſans que pour ce faire ils ſoient tenus demander Placet ou Pareatis aux Juſticiers ou leurs Officiers, parce qu'il eſt queſtion du fait de Police, dont la connoiſſance ſeule appartient à notre Prevôt de Paris, ou ſon Lieutenant Civil, par devant lequel en ſera fait fidele rapport & pardevant notredit Procureur.

XXXV.

Que toutes les choſes dont la connoiſſance appartient à notre Prevôt de Paris, ou ſon Lieutenant Civil, leſdits Gardes ne feront mettre aucuns particuliers en cauſe que pardevant luy, & ſemblablement de celles qui appartiennent à notredit Procureur.

XXXVI.

Que leſdits Gardes ne pourront entreprendre aucun procès, ni affaire de conſequence où il y aura de l'interêt du Corps & Communauté de ladite Marchandiſe de vin, ſans y appeller les autres Gardes, & de prendre avis de ceux qui ſe trouveront en l'Aſſemblée où ils ſeront mandez.

XXXVII.

Que leſdits Gardes ne pourront admettre ni démettre de leur plein mouvement aucun Officier dudit Corps, ſans le conſentement des anciens Gardes, leſquels ſeront mandez à cette fin audit Bureau, pour en donner leur avis, comme en toutes autres affaires de conſequence & importantes, auſquelles ils ſeront obligez de ſe trouver audit Bureau, lorſqu'ils en auront été dûement avertis, à peine de trois livres pariſis d'amende contre les défaillans, s'il ny a excuſe ou légitime empêchement, applicable comme cy-devant ; & qu'à cette fin il y aura un Regiſtre en leur Bureau, où il ſera fait mention des propoſitions

& déliberations qui se feront ausdites assemblées, lesquels déliberations seront signées sur le Registre par les presens qui assisteront ausdites Assemblées.

XXXVIII.

Que lesdits Maîtres & Gardes anciens, à la fin des deux années de l'exercice de leur Charge, bailleront les presentes Ordonnances avec tous les Registres, Titres, Arrêts, Sentences & autres papiers & enseignemens concernant le fait & trafic de ladite Marchandise de vin, aux deux Gardes qui leur succederont, avec un ample Inventaire de tous lesdits Registres, Titres, papiers & enseignemens, dont lesdits deux anciens Gardes qui demeureront, seront obligez & contraints à l'avenir de faire la même chose à ceux qui succederont à leur Charge, & tous ceux qui les procederont après eux seront tenus de faire la même chose.

XXXIX.

Que lorsque lesdits Gardes seront sortis de Charge, ils seront tenus & obligez de rendre compte de la recette & dépense qu'ils auront faite durant le tems de deux années de l'exercice de ladite Charge dans six mois au plûtard, pardevant six anciens Gardes dudit Corps qui auront rendus leurs comptes, & les quatre qui seront en Charge, à peine de cinq cens livres d'amende aux contrevenans, au profit de ladite Communauté, lesquels six Anciens seront élûs & nommez au même tems & à l'Election des nouveaux Gardes, lesquels prêteront le serment pardevant notredit Lieutenant Civil, en la presence de notredit Procureur au Châtelet, pardevant lesquels lesdits comptes seront approuvez & homologuez.

XL.

Qu'après que lesdits Gardes anciens auront rendu leurs comptes en la forme susdite, seront obligez d'en laisser une copie & pieces justificatives d'icelui, en bonne forme, dans le Bureau du Corps de ladite Communauté, pour y avoir recours si besoin est, & pour servir d'instruction à ceux qui seront nouveaux élûs en ladite Charge de Garde; & en cas que les rendans compte se trouvent reliquataires, ils mettront ce qui leur restera en leurs mains en celles des nouveaux Gardes qui demeureront en leur place, pour subvenir aux affaires dudit Corps, dont ils rendront compte.

Fait & arrêté entre Nous Maîtres & Gardes dudit Corps & Communauté desdits Marchands de Vins de la Ville, Fauxbourgs & Banlieue de Paris, par l'avis des anciens Gardes, & la plus grande & saine partie desdits Marchands pour ce assemblez à plusieurs & diverses fois en notredit Bureau & Chambre, ce treizième jour de Juillet mil six cens quarante-sept. Signé en fin, M. CHARRON, POICTEVIN, L. COMPAGNOT & PERRIER.

EXTRAIT DES REGISTRES de Parlement.

VEU par la Cour les Letres Patentes du Roy données à Paris au mois d'Août mil six cens quarante-sept. Signées LOUIS: Et sur le repli, par le Roy, la Reine Régente sa mere présente, Phelyppeaux, & scellées du grand Sceau de cire verte sur doubles lacs de soye rouge & verte obtenues par les Maîtres & Gardes du Corps & Communauté des Marchands de Vins, tant en gros qu'en détail Hôteliers & Cabaretiers de cette Ville de Paris, par lesquelles & pour les causes y contenues, ledit Seigneur auroit loué, agréé, approuvé, confirmé & homologué les Articles, Statuts & Reglemens par eux dressez: Veut & lui plaît qu'ils soient à l'avenir inviolablement gardez, entretenus & observez, & exécutez de point en point selon leur forme & teneur, par les Marchands de Vins, tant en gros qu'en détail, Hôteliers Cabaretiers de ladite Ville de Paris, & leurs successeurs ausdits Etats, sans qu'il y soit contrevenu en quelque maniere que ce soit, sous les peines y contenues, ainsi qu'il eſt plus au long porté par leſdites Lettres à la Cour adreſſantes. Requêtes deſdits Maîtres & Gardes afin d'enregiſtrement deſdites Lettres, ſignée Goriot, Procureur deſdits Impétrans. Concluſions du Procureur Général du Roy; ouy le rapport de Maître Etienne Sainctot, Conſeiller du Roy en ladite Cour : Tout conſideré. LADITE COUR a ordonné & ordonne que leſdites Lettres ſeront regiſtrées au Greffe de ladite Cour, pour jouir par les Impétrans de l'effet & contenu en icelles, ſelon leur forme & teneur. FAIT en Parlement le neuviéme jour d'Août mil ſix cens ſoixante-un, Collationné. Signé, DU TILLET.

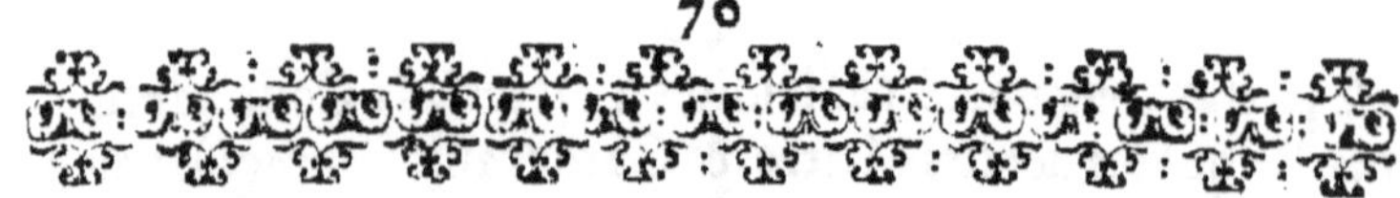

STATUTS DE LA COMMUNAUTE' des Marchands de Vin à Paris.

LOUIS PAR LA GRACE DE DIEU, Roy de France & de Navarre : A tous ceux qui ces présentes Lettres verront, SALUT : Les Maîtres & Gardes du Corps des Marchands de Vins de notre bonne Ville de Paris, nous ont très-humblement fait remontrer, que par notre Edit du mois de Mars 1691. ayant créé & érigé en titre d'Offices formez & héréditaires les fonctions des Maîtres & Gardes Jurez & Syndics de tous les Corps des Marchands & Communautez d'Artisans, tant dans la Ville de Paris, que des autres Villes du Royaume, pour nous marquer leur zele pour notre service, & leurs soumissions à nos volontez, ils nous auroient offert de nous payer les sommes ausquelles la finance desdits Offices avoit été moderée en notre Conseil en accordant la réunion desdits Offices à leurs Corps, à condition que lesdits Offices seroient exécutez à l'avenir comme ils l'avoient été avant l'Edit du mois de Mars 1691. & que l'Election desdits Gardes seroit faite comme par le passé ; lesquelles offres ayant été par Nous agréées, ils nous auroient payé la somme de cent vingt mille livres, moyennant le payement de laquelle somme Nous leur aurions accordé par nos Lettres Patentes en forme de Déclaration du 12. Juin 1691. la réunion desdits Offices à leur Corps, pour être exercez par ceux qui y seroient élûs, ainsi qu'ils avoient fait avant l'Edit du mois de Mars 1691. avec les jouissances des droits attribuez ausdits Offices, à prendre sur chacun des Marchands qui composent ledit Corps, lesquelles Lettres auroient été enregistrées au Greffe de notre

Parlement : Que depuis par notre Edit du mois de Mars 1694. ayant pareillement créé & érigée en titre d'Offices formez & héréditaires, deux Auditeurs & Examinateurs des Comptes pour chaque Corps des Marchands & Communautez d'Arts & Métiers de notre bonne Ville de Paris ; & autres Villes & Bourgs de notre Royaume, avec attribution de cent cinquante mille livres de gages effectifs & du Droit Royal, tel qu'il avoit été étably par l'Edit du mois de Mars 1691. les Supplians animez du même zele pour notre service, & pour obéir à nos Ordres, ayant marqué qu'ils vouloient bien acquérir lesdits Offices, Nous aurions moderé la Finance à leur égard à pareille somme de cent vingt mille livres & les deux sols pour livre, par Arrêt de notre Conseil du 14. Février 1696. par lequel Nous aurions dispensé ceux qui seroient élûs dans les Charges de Gardes, de prendre à l'avenir aucunes Provisions ni Lettres de confirmation pour lesdites Charges d'Auditeurs & d'Examinateurs des Comptes, dont Nous les aurions dispensez ; en exécution duquel Arrêt les Supplians ayant payé ladite somme de cent vingt mille livres pour la Finance desdits Offices d'Auditeurs des Comptes, & celle de douze mille livres pour les deux sols pour livre de ladite Finance, ils auroient en vertu du Rôlle arrêté en notre Conseil, & de leur quittance de Finance, jouy du Droit Royal & des gages à eux attribuez, le tout sans avoir pris des Provisions desdits Offices, & leurs comptes auroient été rendus & examinez en la maniere accoûtumée, & de même qu'avant ledit Edit du mois de Mars 1694. & bien que dans ces circonstances il y ait lieu de dire que lesdites Charges ne subsistent plus, n'y ayant plus aucun Officier qui soit pourvû de celle de Garde, soit par Lettres de Provisions, soit par Lettres de confirmation, & que jamais aucun Marchand dudit Corps n'ait obtenu des Provisions des Offices d'Auditeurs ou d'Examinateurs des Comptes ; & qu'ainsi ils doivent être considerez comme Offices supprimez plûtôt que réunis à leurs Corps ; Néanmoins dans le mois de Novembre 1702. il leur auroit été signifié des Extraits des Rôlles arrêtez en notre Conseil en exécution de notre Edit du mois d'Août 1701. pour la confirmation du droit d'hérédité & de survivance, & de l'Arrêt du Conseil donné en conséquence le vingt Septembre audit an, à la requête de Jean Garnier, subrogé au lieu de Charles de la Cour de Beauval, chargé du Recouvrement de la Finance qui doit provenir de la confirmation desdits droits d'hérédité, dans lesquels Rôlles ils sont compris pour la somme de quatre-vingt mille livres pour la confirmation dudit droit d'hérédité, desdits Offices d'Auditeurs & Examinateurs des Comptes, & de Maîtres & Gardes de leur Corps, avec commandement de payer incessamment ladite somme contenue ausdits Rôlles, & dans le même tems à la Requête de Maître Jean Garnier, chargé de l'exécution de notre Edit du mois de Juillet 1702. portant création d'un Trésorier Receveur & Payeur des deniers communs de chaque Corps & Communauté, il leur a été donné copie d'une Procuration passée à Nicolas le Févre, pour exercer par provision ladite Charge en vertu de sadite Procuration, suivant la faculté à lui donnée par l'Arrêt de notre Conseil rendu en conséquence, avoir entrée dans leur Bureau, & se mettre en possession de leurs Registres; & comme jusques à présent, & de tems immémorial les Maîtres & Gardes ont été les Receveurs & Payeurs des deniers de leur Corps, ils Nous auroient représenté que si cet ordre étoit changé, & qu'un étranger qui auroit acquis cette Charge eût l'entrée dans leur Bureau & l'administration des deniers qu'ils reçoivent, qui sont pour la plus grande partie destinez & employez au payement des arrerages des rentes par eux constituées pour nous payer les Finances des Offices de Gardes & d'Auditeurs Examinateurs des Comptes, toute la discipline qui maintient leurs Corps & par le moyen de laquelle ils y font observer les Reglemens de Police, seroit ruinée: Que dans les regles établies par nos Edits & Ordonnances, il n'y a que des particuliers à qui le bénéfice d'hérédité puisse convenir, & qui puisse être assujettis à payer quelque Finance pour en obtenir la confirmation: Que même cette loi se trouve écrite dans ledit Arrêt de notre Conseil du vingt Septembre 1702. à eux signifié avec l'Extrait du Rôlle qui porte en terme précis que les taxes de confirmation

confirmation d'hérédité doivent être payées par les pourvûs d'Offices héréditaires ; & en un autre lieu, que ce sont les Proprietaires desdits Offices qui doivent payer lesdites taxes de confirmation d'hérédité : Que leur Corps nous ayant payé des Finances par pure obéissance sans jamais avoir eu d'autre intention que d'anéantir réellement & effectivement lesdites Charges sous le titre de réunion, & à qui Nous avons accordé la dispense qu'ils nous ont demandée, de prendre des Lettres de confirmation de celles de Gardes, il n'y a jamais eu aucun d'eux qui ait été pourvû de celles d'Auditeurs & Examinateurs des Comptes, lesquelles même n'ont jamais été réunies à leurs Corps, mais seulement la jouissance à eux accordée des gages & du Droit Royal, suivant le contenu en leur quittance de Finance ; & quelque bonne volonté qu'ils ayent de nous secourir dans nos besoins, comme ils ont fait jusques à présent, il leur seroit impossible d'y parvenir si ces Offices que nous créons & que nous les obligeons d'acquerir & de réunir avec les droits & gages y attribuez, étoient sujets à des taxes pour confirmation du droit d'hérédité ou autres taxes de quelque nature qu'elles puissent être, & qu'ainsi ils ont grand interêt d'en obtenir la décharge, pour raison de quoi ils nous auroient très-humblement fait supplier de les décharger du payement de la somme à eux demandée sous prétexte de confirmation d'hérédité desdits Offices de Maîtres & Gardes, & d'Auditeurs & Examinateurs des Comptes, & de déclarer lesdits Offices n'être point sujets à aucune confirmation d'hérédité, ni aucunes autres taxes de quelque qualité qu'elles soient, & nous auroient offert d'acquerir ledit Office de Trésorier Receveur & Payeur des deniers communs de leur Corps, créé par notre Edit du mois de Juillet 1702. & de nous en payer la somme de quatre-vingt quinze mille livres & celle de neuf mille cinq cens livres pour les deux sols pour livre, dans les tems qu'il Nous plaîroit leur accorder, moyennant le payement de laquelle somme Nous ordonnerions la réunion à leur Corps dudit Office du Trésorier Receveur & Payeur de leurs deniers communs, avec deux mille huit cens cinquante livres de gages actuels & effectifs par chacun an, à commencer la jouissance du premier Janvier 1703. pour servir au payement des rentes qui seroient constituées pour nous pouvoir fournir ladite somme de quatre-vingt quinze mille livres pour la Finance dudit Office, & les deux sols pour livre d'icelle, & aussi à la charge qu'ils ne seroient tenus de prendre aucunes Provisions dudit Office, dont il Nous plairoit de les dispenser, & déclarer ledit Office n'être sujet à l'avenir à aucune taxe de confirmation d'hérédité, ni à aucune autre taxe de quelque qualité qu'elle soit, dont en tant que besoin seroit il Nous plairoit les affranchir & décharger purement & simplement: Ils Nous auroient en outre supplié pour les mettre en état de pouvoir payer les arrerages des rentes qu'ils seroient obligez de créer sur eux-mêmes, & même d'acquitter de tems à autre une partie dudit principal, ce qui ne se peut qu'en imposant quelques droits nouveaux, ou en se prescrivant des Reglemens qui les maintiennent dans une exacte discipline, & empêchent les abus qui détruisent ordinairement les Corps & Communautez les mieux établis; de confirmer les dispositions d'une Délibération qu'ils ont prise entre eux sous notre bon plaisir, en conséquence de notre Edit du mois de Juillet 1702. qui porte qu'il sera fait des Reglemens convenables à chaque Corps & Communauté, & à l'utilité publique, & d'ordonner l'exécution de nos Arrêts des vingt-deux Décembre 1703. & vingt-deux Janvier 1704. Et voulant favorablement traiter ledit Corps des Marchands de Vins de notre bonne Ville & Fauxbourgs de Paris, & leur donner des marques de notre protection, & que nous sommes satisfaits de leur zele & de leurs soumissions; A CES CAUSES & autres à ce Nous mouvans, après avoir fait examiner en notre Conseil les Articles & propositions que lesdits Marchands de Vins ont fait rédiger par écrit, conformément à leur Délibération prise entr'eux le 13. Novembre 1703. lesdits Arrêts de notre Conseil du 14. Février 1696. 22. Décembre 1703. & 22. Janvier 1704. & de notre certaine science, pleine puissance & autorité Royale, NOUS avons dit & déclaré, & par ces Présentes signées de notre main, disons, déclarons, voulons & nous plaît, que le Corps des Marchands de Vins de notre bonne Ville & Fauxbourgs de Paris, demeure maintenu & confirmé, comme par ces Présentes nous les maintenons & confirmons dans la proprieté, possession & jouissance des Offices de Maîtres & Gardes, & de ceux d'Auditeurs des Comptes créez par nos Edits des mois de Mars 1691. & 1694. & réunis audit Corps, sans que pour ce lesdits Marchands de Vins soient tenus de nous payer aucune taxe de confirmation d'hérédité, ni supplément de Finance, sous quelque prétexte que ce soit, dont nous les déclarons francs & exempts en tant que besoin seroit, les exemptons & affranchissons; & en consequence, les avons déchargez & déchargeons purement & simplement du payement de la somme contenue au Rôlle à eux signifié à la requête dudit Jean Garnier chargé du recouvrement des deniers provenans des sommes par nous ordonnées être payées pour la confirmation d'heredité, luy faisons défenses & à tous autres, de faire à l'avenir aucunes poursuites & contraintes contr'eux, à peine de tous dépens, dommages & interêts; & de la même autorité que dessus, Nous avons uny & incorporé audit Corps des Marchands de Vins, l'Office de Trésorier Receveur & Payeur de leur deniers communs, créez par notre Edit du mois de Juillet 1702. pour jouir par eux des Droits, Privileges & exemptions y attribuez, & en outre de deux mille huit cens cinquante livres de gages actuels & effectifs pour chacun an, à commencer du premier Janvier 1703. lesquels gages seront payez par le Receveur Général de nos Finances en exercice, sur les quittances des Gardes receveurs en Charge, qui continueront de recevoir les deniers communs du Corps comme auparavant la création dudit Office de Trésorier Receveur de Bourse commune, sans que pour raison dudit Office ils soient obligez de prendre aucunes Lettres de Provisions, ny qu'ils soient cy-après tenus d'aucune taxe de confirmation d'heredité, ny autres dont Nous les déclarons pareillement exempts, à la charge de nous payer par eux pour ledit Office de Trésorier, la somme de quatre-vingt quinze mille livres de principal sur les quittances du Trésorier de nos Revenus Casuels, &

en attendant l'expedition d'icelles sur les Recipissez de Maître Jean Garnier chargé de ce recouvrement, ou de ses Procureurs & Commis, portant promesse de les fournir ; & la somme de neuf mille cinq cens livres pour les deux sols pour livre, sur les quittances dudit Garnier, lesdites deux sommes faisant ensemble celle de cent quatre mille cinq cens livres payable dans les tems portez par ledit Arrêt de notre Conseil du 22. Décembre 1703. A l'effet de quoy permettons ausdits Maîtres & Gardes dudit Corps d'emprunter, si fait n'a été, conformément audit Arrêt, ladite somme, tant en principal que deux sols pour livre, en tout ou partie. VOULONS que ceux qui prêteront leurs deniers ayent privilége & hypoteque spéciale sur ledit Office, droits & gages y attribuez ; comme aussi sur les dix sols que nous avons ordonné par nosdits Arrêts des 22. Décembre 1703. & 22. Janvier 1704. être levé sur chaque Muid de Vin vendu par le Marchand de Vin en détail dans ladite Ville & Fauxbourgs, à commencer du premier dudit mois de Décembre 1703. la levée duquel droit de dix sols qui sera perçû conformément ausdits Arrêts, & notamment à celui du 22. Janvier 1704. Nous voulons n'avoir lieu que jusqu'à l'actuel remboursement de ladite somme principale de quatre-vingt quinze mille livres, & deux sols pour livre, arrerages & interêts d'emprunts, frais faits & à faire, tant pour lesdits emprunts, expéditions, régie & perception dudit droit, qu'autrement, à l'effet de quoy il en sera rendu compte tous les trois mois par ceux qui l'auront perçû pardevant le Lieutenant Général de Police dans ladite Ville & Fauxbourgs, conformément ausdits Arrêts : Et pour maintenir la discipline qui doit être entre lesdits Marchands de Vins, & empêcher les entreprises qui se font sur leur Profession & Privilége, NOUS avons par ces mêmes Présentes dit, statué & ordonné, disons, statuons & ordonnons, voulons & nous plaît ce qui en suit.

ARTICLE I.

Que le Corps desdits Marchands de Vins, jouisse ainsi qu'il a fait depuis son érection en Corps, de tous les droits, honneurs, prérogatives, rangs & priviléges dans lesquels il a été confirmé & maintenu, tant par nos Lettres Patentes & des Rois nos prédecesseurs, que par les Arrêts de notre Conseil & du Parlement, sans que lesdits Marchands de Vins puissent être troublez en quelque sorte & maniere que ce soit.

II.

Les Vins de ceux qui seront surpris en fraude dans notredite Ville & Fauxbourgs de Paris, en les vendant sans titre ny qualité, seront tirez de leurs caves & conduit sur l'Etappe, à la diligence des Maîtres & Gardes dudit Corps, & aux frais de la chose, pour y être vendus en gros au Public, & sur le rapport que feront lesdits Gardes des contraventions au Lieutenant Général de Police de notredite Ville, les contrevenans seront condamnez en l'amende envers Nous, & aux depens, dommages & interêts envers ledit Corps.

III.

Il ne sera donné Lettre de Marchand de Vins qu'à ceux qui seront jugez capables par les Maîtres & Gardes dudit Corps d'en faire bien & dûement le commerce, & seront les Fils de Marchands nez en loyal mariage, & ceux qui rapporteront des Certificats de services rendus pendant quatre années chez les Marchands dudit Corps, reçûs & admis à faire ladite Marchandise préferablement à tous autres, bien entendu que les uns & les autres seront regnicoles, & feront profession de la Religion Catholique, Apostolique & Romaine.

IV.

Les Veuves des Marchands dudit Corps jouiront des mêmes Priviléges que leurs Maris, durant le tems qu'elles demeureront en viduité.

V.

DEFFENDONS à tous Marchands dudit Corps de recevoir à leur service aucun Domestique & Garçon à la Marchandise de Vin, sortant de la maison & service d'un autre Marchand, si ce n'est du consentement par écrit du dernier marchand qu'il aura servi, & après qu'il lui aura été certifié de sa conduite, bonne vie & mœurs, à peine de cinquante livres d'amende pour chacune contravention, & de plus grande en cas de récidive.

VI.

DEFFENDONS à toutes personnes n'ayant titre ni qualité, de faire commerce de Vins à Paris, même à tous Religieux & gens de Communautez Regulieres & Séculieres de s'ingerer à l'avenir en faisant les provisions de Vins pour leurs maisons, d'en faire aucune pour autrui directement ou indirectement, sur peine de confiscation desdits Vins, achetez & destinez pour autrui; pourra même le Lieutenant Général de Police prononcer plus grande peine contre les contrevenans s'il y échet.

VII.

DEFFENDONS pareillement à tous Suisses ou Portiers des Hôtels & Maisons des personnes de qualité, autres que ceux de nos Maisons qui en ont des Priviléges spéciaux, de s'ingerer de vendre aucun Vin en détail en ladite Ville & Fauxbourgs de Paris, à peine de cent livres d'amende pour la premiere contravention, & de confiscation des Vins pour la seconde, applicable moitié au profit de l'Hôpital Général, & l'autre moitié, au profit dudit Corps.

VIII.

VOULONS que les Bourgeois de notre bonne Ville & Fauxbourgs de Paris: vendent le Vin de leur crû dans leur maison d'habitation, à huis coupé & pot renversé, conformément à notre Déclaration du vingt-neuviéme Novembre 1680.

IX.

VOULONS aussi que les Bourgeois vendans les Vins de leur crû ne puissent acheter d'autres Vins pour les mêler avec ceux de leur crû, à peine de demeurer déchûs de leur Privilége, & tous les Vins qui seront trouvez seront tirez des caves, & conduits à l'Etappe pour y être vendus en gros au Public, à la diligence des Gardes dudit Corps & aux frais de la chose; & en cas de récidive tous les Vins trouvez dans leurs caves seront confisquez, s'il est ainsi ordonné par le Lieutenant Général de Police, le tout suivant & aux termes de l'Article 11. du chapitre 8. de notre Ordonnance pour ladite Ville de Paris, du mois de Décembre 1672.

X.

LES Archers de l'Hôtel de notre bonne Ville de Paris, qui ont le Privilége d'y vendre jusqu'à la quantité de quatre mille Muids de Vin sans payer aucun droit de détail & d'augmentation, suivant le département fait & arrêté par les Prévôt des Marchands & Échevins de ladite Ville, ne pourront après leur Privilége consommé, vendre de Vins s'ils ne sont pourvûs de Lettres de Maîtres & Gardes & reçûs Marchands de Vins.

XI.

LES Gardes dudit Corps des Marchands de Vins suivant leur ancienne attribution & cellle qui leur a été accordée par notre Déclaration du 12. Juin 1691. percevront par chacun an sur chaque maison, boutique ou cave où les Marchands dudit Corps vendent Vins en détail, & sur toutes personnes vendant Vins, qui payent au Fermier de nos Aydes le droit de détail, & sont exercez par les Commis, à l'exception des Bourgeois qui vendent le Vin de leur crû, la somme de huit liv. douze sols; sçavoir, cinquante-deux sols d'ancien droit, & six livres d'augmentation, pour être lesdits deniers employez suivant & ainsi qu'il est expliqué par ladite Déclaration & par les Lettres Patentes que Nous avons accordées ausdits Marchands de Vins en conséquence; N'entendons néanmoins que ladite somme de six livres soit payée après que les sommes empruntées pour la réunion des Offices de Gardes en exécution de notre Edit du mois de Mars 1691. auront été acquittées.

XII.

NUL vendant Vins, soit qu'il ait été reçû & admis audit Corps, soit qu'il soit Privilégié ou qu'il ne vende que le Vin de son crû, ne pourra avoir ni garder dans sa maison, caves ou celliers, aucune Bierre, Cidre, Poiré, Eau-de-vie, ni autres liqueurs & breuvages qui en puisse alterer la qualité sur peine de confiscation desdites liqueurs, & de cinquante livres d'amende pour la premiere contravention; & en cas de récidive, d'interdiction pour trois mois contre les Marchands, & contre les Privilégiez ou Bourgeois d'être déchûs de leurs Priviléges.

XIII.

TOUS les Vins qui seront amenez à Paris par les Forains, resteront au Port de vente dans les Batteaux, & n'en pourront être déchargez que pour être conduits à la Halle au Vin, où ils doivent être vendus en gros au Public, c'est-à-dire, par piece, sans que les Forains suivant les défenses portées par les Reglemens de Police, en puissent mettre aucunes dans des caves, solles, ni celliers hors ladite Halle, & il sera permis aux Maîtres & Gardes de la Marchandise de Vin, en cas de contravention, de les en faire tirer, & de faire transporter lesdits Vins aux frais de la chose sur l'Etappe, même de faire assigner les Contrevenans pardevant le Lieutenant Général de Police, pour être condamnez en leurs dépens, dommages & interêts, outre l'amende envers Nous.

XIV.

POUR veiller aux affaires dudit Corps & empêcher qu'il ne soit contrevenu aux Statuts & Reglemens d'icelui, il y aura toûjours, comme il y a eu cy-devant, deux grands Gardes & quatre Maîtres & Gardes qui y tiendront la main.

XV.

IL sera élû chaque année deux grands Gardes & deux nouveaux Maîtres & Gardes pour entrer en la place des deux qui

qui sortiront de Charge; & d'autant que ceux qui sont nommez grands Gardes ont déja rempli les Charges de Maîtres & Gardes, leur fonction de grand Garde ne durera qu'un an, s'ils ne sont continuez, laquelle continuation ne pourra être que de deux ans.

XVI.

POUR éviter tout desordre & confusion dans la susdite Election à cause du grand nombre de Marchands dont leur Corps est composé, il n'y assistera que les anciens Gardes avec ceux en Charge, & soixante autres Marchand à leur tour, suivant l'ordre de Réception, dont sera dressé un état lequel sera visé par le Lieutenant Général de Police, & lesdits anciens Marchands, ensemble les soixante mandez seront convoquez par billets portez par le Clerc de la Communauté; & ceux d'entre eux qui ne s'y seront pas trouvez sans empêchement légitime, payeront chacun cent sols de peine applicable, moitié à l'Hôpital Général, & l'autre moitié à la Chapelle de leur Communauté.

XVII.

CETTE Election se fera dans le Bureau sur la fin du mois d'Août au jour qui sera donné par le Lieutenant Général de Police, lequel y assistera avec notre Procureur au Châtelet pour y recevoir le serment & les suffrages des convoquez, & ne sera libre à aucun de ceux qui auront été élûs de refuser lesdites Charges; mais incontinent après que leur élection leur aura été notifiée, ils seront tenus de se transporter avec les Gardes en Charge en l'hôtel dudit Lieutenant Général de Police, qui recevra leur serment au cas requis, après quoi ils prendront possession desdites Charges au jour de saint Remy suivant.

XVIII.

LES Gardes en Charge & leurs successeurs esdites Charges se rendront au Bureau dudit Corps les Mardis & Vendredis de chacune semaine, deux heures de relevée, pour y conferer & déliberer sur les affaires dudit Corps, examiner

L.

les personnes qui se présenteront pour y être reçûs, & leur delivrer des Lettres de Marchand s'il y échet.

XIX.

LES Gardes en Charge ne pourront de leur propre mouvement entreprendre aucune affaire ou Procès de conséquence où tout le Corps se trouvera interessé, ni choisir ou révoquer aucun Procureur ni Huissier, mais seront tenus d'en faire les propositions aux anciens Gardes qui seront à cet effet convoquez au Bureau en la maniere accoûtumée, & de suivre ce qui aura été arrêté, & conclu à la pluralité des voix dans lesdites Assemblées, & seront les Délibérations transcrites sur le Registre qui est en leur Bureau, & signées de tous ceux qui y auront assisté.

XX.

LES Gardes qui sortiront de Charge donneront par inventaire à ceux qui leur succederont, les Registres, Titres, Papiers & Enseignemens concernant ledit Corps; ce qui sera pratiqué par tous les autres Gardes qui possederont cy-après les mêmes Charges.

XXI.

CEUX qui après avoir été Marchands dudit Corps ont traité ou traiteront d'Offices des douze ou vingt-cinq Privilégiez suivant la Cour, ou se feront pourvoir d'autres Priviléges, n'auront plus de rang, sceance, ni voix délibérative dans les Assemblées qui se feront pour les affaires dudit Corps, s'ils ne se soumettent par écrit comme les autres Marchands d'icelui, aux Statuts & Reglemens qui le concernent.

XXII.

LES Gardes sortis de Charge seront tenus incessamment, & dans les six mois au plus tard après leur administration finie, de présenter le compte de leur recette & dépense faite pendant le tems de leur exercice, pardevant les six Gardes en Charge & six anciens Gardes qui auront rendu leurs comptes, & qui auront été élûs & nommez au jour que se fit l'élection des nouveaux Gardes qui devoient entrer en la place de ceux qui sortoient de Charge, & lesdits comptes seront rapportez & représentez au Lieutenant Géneral de Police pour les arrester en la maniere ordinaire.

XXIII.

APRE'S que lesdits Gardes auront ainsi rendu leurs comptes, ils seront tenus d'en laisser copie avec les pieces justificatives d'iceux dans leur Bureau pour servir d'instruction aux Gardes nouvellement élûs, & y avoir recours toutefois & quantes; s'il s'y trouve quelque reliquat au profit de la Communauté, il sera mis entre les mains desd. nouveaux Gardes pour subvenir aux affaires dudit Corps, duquel ils se chargeront & rendront pareillement compte, à la fin de leur exercice.

XXIV.

LA connoissance de toutes les contraventions qui seront faites aux présens Reglemens, appartiendra au Lieutenant Général de Police en premiere Instance, & par appel en notre Cour de Parlement, & les Gardes dudit Corps seront tenus & obligez de dénoncer à Justice, & d'y faire leurs rapports de toutes celles qu'ils découvriront dans le cours de leurs visites sans aucune exception de personne.

ARTICLE XXV. & dernier.

VOULONS au surplus que les Statuts, Articles & Ordonnances dudit Corps des Marchands de Vins de notredite Ville & Fauxbourgs de Paris; ensemble les Déclarations, Arrêts & Reglemens rendus en conséquence en faveur dudit Corps, soient exécutez selon leur forme & teneur en ce qu'ils ne sont contraires à ces Présentes. SI DONNONS EN MANDEMENT à nos amez & feaux Conseillers les Gens tenans notre Cour de Parlement à Paris, que ces Présentes ils ayent à faire lire, publier & registrer, & du contenu en icelles faire jouïr & user lesdits Marchands de Vins de notre bonne Ville de Paris, selon leur forme & teneur: CAR tel est notre plaisir. En témoin de quoi nous avons fait mettre notre Scel à cesdites Présentes. DONNE' à Marly le vingt-uniéme jour d'Avril l'an de grace mil sept cens cinq, & de notre Regne le soixante deuxiéme. Signé, LOUIS; Et plus bas, Par le Roy, PHELYPPEAUX. Vû au Conseil, CHAMILLART.

Registrées ouy le Procureur Général du Roy, pour jouir par les Impétrans de leur effet & contenu, & être exécutées selon leur forme & teneur, suivant & aux charges portées par l'Arrêt de ce jour. A Paris en Parlement le vingtiéme Janvier mil sept cens six. Signé, DU TILLET.

Extrait des Registres du Parlement.

VEU par la Cour les Lettres Patentes du Roy données à Marly le 21. Avril 1705. signées LOUIS, & plus bas, Par le Roy, PHELYPEAUX, scellées du grand Sceau de cire jaune, obtenues par les Maîtres & Gardes du Corps des Marchands de Vins de cette Ville de Paris, par lesquelles, pour les causes y contenues, ledit Seigneur a déclaré, veut & lui plaît que le Corps des Marchands de Vins demeure maintenu & confirmé dans la proprieté, possession & jouissance des Offices de Maîtres & Gardes, & de ceux d'Auditeur des comptes créez par Edits des mois de Mars 1691. & 1694. & réunis audit Corps, sans que pour ce lesdits Marchands de Vins soient tenus de payer audit Seigneur aucune taxe de confirmation d'hérédité, ni supplément de Finance, sous quelque pretexte que ce soit, dont ledit Seigneur les a exemptez, & en conséquence les a déchargez purement & simplement du payement de la somme contenue au Rolle des taxes faites pour la confirmation de l'hérédité; A parellement uni & incorporé audit Corps l'Office de Trésorier Receveur & Payeur de leurs deniers communs, créé par Edit du mois de Juillet 1702. pour jouir par eux des droits,

Priviléges & exemptions y attribuez, & en outre de deux mille huit cens cinquante livres de gages actuels & effectifs pour chacun an, à commencer du premier Janvier 1703. lesquels gages seront payez par le Receveur Général des Finances en exercice, sur les quittances des Gardes Receveurs en Charges qui continueront de recevoir les deniers communs du Corps comme auparavant la création dudit Office, à la charge de payer audit Seigneur, pour ledit Office de Trésorier, la somme de quatre-vingt quinze mille livres de principal, & celle de neuf mille cinq cens livres pour les deux sols pour livre; à l'effet de quoi il leur permet d'emprunter, si fait n'a été, ladite somme, tant en principal, que deux sols pour livre, en tout ou partie: Veut que ceux qui prêteront leurs deniers ayent Privilége & hypotheque spéciale sur ledit Office, droits & gages y attribuez, comme aussi sur les dix sols que ledit Seigneur a ordonné par Arrêts des 22. Décembre 1703. & 22. Janvier 1704. être levez sur chaque Muid de Vin vendu par le Marchand de Vin en détail dans ladite Ville & Fauxbourgs de Paris, à commencer du premier Décembre 1703. la levée duqueldroit de dix sols n'aura lieu que jusqu'à l'actuel remboursement de ladite somme principale de quatre-vingt quinze mille livres, & deux sols pour livre, arrerages, interêts d'emprunts, frais faits & à faire, tant pour lesdits emprunts, expéditions, régie & perception dudit droit, qu'autrement, à l'effet de quoi il en sera rendu compte tous les trois mois par ceux qui l'auront percû, pardevant le Lieutenant Général de Police: Et pour maintenir la discipline qui doit être entr'eux, & empêcher les entreprises qui se font sur leur Profession & Priviléges, ledit Seigneur veut que les nouveaux Statuts contenant vingt-cinq Articles énoncez esdites Lettres, soient exécutez & ainsi que plus au long le contiennent lesdites Lettres à la Cour adressantes, l'Arrêt du neuviéme Juin 1705. par lequel la Cour avant proceder à l'enregistrement desdites Lettres, a ordonné qu'elles seront communiquées au Lieutenant Général de Police & au Substitut du Procureur Général du Roy au Châtelet, pour donner leur avis sur icelles, pour ce fait rapporté & communiqué audit Procureur Général du Roy, être ordonnée que de raison. L'avis dudit Lieutenant Général de Police & dudit Substitut, du 13. Octobre aud. an. La Requête présentée par lesdits Impétrans afin d'enregistrement desdites Lettres. Conclusions du Procureur Général du Roy, ouy le rapport de Maître René le Musnier, Conseiller, & tout consideré : LA COUR a ordonné & ordonne que lesdites Lettres seront enregistrées au Greffe d'icelle pour jouir par les Impétrans de leur effet & contenu, & être exécutez selon leur forme & teneur, à la charge par les Impétrans de rendre compte tous les trois mois de l'employ desdits deniers pardevant le Lieutenant Général de Police & le Substitut du Procureur Général du Roy au Châtelet. FAIT en Parlement le vingtiéme jour de Janvier mil sept cens six. Collationné, Signé, DU TILLET.

Extrait des Registres du Conseil d'Etat.

LE Roy étant informé que les Suisses, Portiers & autres Domestiques de plusieurs Hôtels & Maisons dans lesquelles les Commis de Maître Charles Ferreau, Fermier Général des Aydes, ne font point de visites, vendent & débitent dans les Hôtels & Maisons beaucoup de Vins en détail, & que les Maîtres qui le sçavent ne l'empêchent point, ce qui fait un préjudice considerable aux Droits de la Ferme, & ruine les Cabarets voisins : A quoi étant nécessaire de pourvoir, OUY le rapport du sieur CHAMILLART Conseiller ordinaire au Conseil Royal, Contrôlleur Général des Finances. SA MAJESTE' EN SON CONSEIL, a fait & fait très-expresses défenses à tous Suisses, Portiers & autres Domestiques de Maisons & Hôtels, où les Commis dudit Ferreau ne font point de visite, de vendre & débiter aucun Vin en détail, soit à pot ou à assiette, à peine de confiscation des Vins, & de cinq cens livres d'amende, qui ne pourra être moderée pour quelque cause que ce soit, & de punition corporelle, sans préjudice des dommages & interets du Fermier : Ce faisant, Sa Majesté a permis & permet aux Commis de Ferreau d'aller dans lesdites Maisons & Hôtels assisté du premier Président de l'Election de Paris, pour y faire leurs visites & dresser leurs Procès verbaux suivant les Reglemens : Enjoint Sa Majesté aux Maîtres desdites Maisons & Hôtels de souffrir lesdites visites, & de tenir la main à ce que leurs Suisses, Portiers & autres Domestiques ne vendent ni débitent aucuns Vins en détail, à pot ni autrement dans leurs Maisons & Hôtels, en quelque sorte & maniere que ce soit, à peine de répondre en leurs propres & privez noms, tant des amendes qui seront encourues par leurs Domestiques, que des dommages & interêts ausquels ils seront condamnez pour raison de ce, & seront toutes Lettres sur ce nécessaires expediées. FAIT au Conseil d'Etat du Roy, tenu à Versailles le vingt-quatriéme jour de Janvier mil sept cens cinq. Collationné. Signé, GOUJON.

DECLARATION DU ROY

EN FORME DE REGLEMENT,

PORTANT perception de six livres de Poids & Mesures, sur chacune maison & caves des Marchands de Vins ou autres exercées par les Aydes, & fait défenses à tous Particuliers renfermez dans les lieux privilegiez, de faire la Marchandise de Vins qu'ils ne soient pourvûs de Lettres des Maîtres & Gardes dudit Corps.

Du 26. Février 1707.

LOUIS, par la grace de Dieu, Roy de France & de Navarre : A tous ceux qui ces Présentes Lettres verront, Salut. Par notre Edit du mois de Janvier 1704. Nous avons créé des Controlleurs Visiteurs des Poids & Mesures dans les Corps des Marchands, Communautez & Professions d'Arts & Métiers en toutes les Villes de notre Royaume, & nous leur avons attribué des droits fixez par le Tarif arrêté en notre Conseil le 15. du même mois; Et par autre notre Edit du mois d'Août suivant, Nous avons créé des Greffiers des enregistrements des Brevets d'Apprentissage, & autres Actes des mêmes Corps & Communautez, ausquels nous avons pareillement attribué des droits portez par le Tarif attaché sous le contre-scel dudit Edit, & les gages y mentionnez : Mais ayant depuis estimé que l'établissement de ces Offices pouvoit en quelque maniere être contraire à la liberté du Commerce, & qu'il seroit plus avantageux aux Corps & Communautez de notre bonne Ville de Paris de les supprimer en nous payant par eux les sommes ausquelles nous en réduirons les Finances, & leur abandonnant par Nous la jouissance des droits attribuez aux mêmes Offices suivant les Tarifs arrêtez en notre Conseil, pour être perçûs par les Maîtres & Gardes & Jurez desdits Corps & Communau-

tez,

tez, Nous avons par Arrêt de notre Conseil rendu sur la Requête des Maîtres & Gardes, tant Anciens qu'actuellement en Charge, & autres Marchands du Corps des Marchands de Vins de notredite Ville & Fauxbourgs de Paris, le 14. Septembre dernier, & Lettres Patentes sur iceluy du 21 Novembres 1706. ordonné qu'en payant par eux à M. Elie Biest & Nicolas Cartier, chargez du recouvrement de la finance qui doit provenir de l'execution desdits Edits des mois Janvier & Août 1704. la somme de quatre-vingt-quinze mille livres de finance principale, & celle de neuf mille cinq cens livres pour les deux sols pour livre dans les termes portez par ledit Arrêt & Lettres Patentes; sçavoir, le principal sur les récepissez desdits Biest & Cartier, leurs Procureurs ou Commis, portant promesse de rapporter la quittance du Trésorier de nos Revenus Casuels, & les deux sols pour livre, sur leurs simples quittances; lesdits Offices de Controlleurs Visiteurs des Poids & Mesures, & de Greffier des Enregistremens des Lettres de Maîtrise & autres Actes concernant ledit Corps, demeureront supprimez sans pouvoir être créez à l'avenir pour quelque cause & sous quelque prétexte que ce soit, & les droits attribuez ausdits Offices, seront réunis & appartiendront audit Corps aux gages actuels & effectifs par chacun an de la somme de trois mille sept cens cinquante livres, dont l'employ sera fait dans les Etats de nos Gabelles pour en jouir à commencer du premier Janvier 1706. suivant leur soumission, & leur être payée par chacun an en deux payemens de six mois en six mois sur les simples quittances des Maîtres & Gardes dudit Corps, en vertu de cet Arrêt, sans être tenus de prendre aucunes Lettres de Nous dont nous les avons dispensez, & avons en outre pourvû aux moyens qui peuvent leur faciliter le payement desdites sommes & frais nécessaires à ce sujet par des emprunts du Public ou des Marchands & Veuves dudit Corps, même de ceux & celles qui ont fait signifier leur Renonciation à la Maîtrise depuis le mois de Mars 1691. suivant un état de répartition qui en sera arrêté par le sieur d'Argenson: mais les Maîtres & Gardes dudit Corps Nous ont representé que dans la perception des droits attribuez ausdits

Offices, dont nous leur avons abandonné la jouissance, il se pourroit rencontrer des difficultés sous prétexte que nous ne nous serions pas suffisamment expliquez par le susdit Arrêt & Lettres Patentes, étant de l'interêt dudit Corps pour pouvoir trouver plus aisément à emprunter ladite finance, que le payement des droits des Poids & Mesures fût fait de lamême maniere que les droits de Visite pour chacune maison & cave ouverte des Marchands de Vins, & par tous vendans Vins en notredite Ville & Fauxbourgs de Paris, sans aucune exception ny reserve de lieux privilégiez & autres où les Commis des Aydes font leur exercice; Comme aussi nous ont supplié de vouloir fixer non seulement le denier auquel nous leur avons permis d'emprunter par l'Arrêt de notre Conseil dudit jour 14. Septembre dernier, ladite somme de quatre-vingt-quinze mille livres & les deux sols pour livre d'icelle, mais encore conformément audit Edit du mois d'Août 1704. les droits d'Enregistrement des Certificats de service pendant quatre années chez les Marchands dudit Corps, pour être reçûs & admis suivant leurs Statuts, à faire ladite Marchandise de Vin, à vingt livres, & des Lettres de Marchands à pareille somme de vingt livres, laisser la liberté aux Maîtres & Gardes dudit Corps de recevoir ceux qui n'ayant pas qualité se presenteront pour être reçûs à faire lad. Marchandise, & seront par eux jugez capables, declarer que moyennant le payement qui sera fait par ledit Corps desdites sommes de quatre-vingt-quinze mille livres de finance principale, & neuf mille cinq cens livres pour les deux sols pour livre, dans les tems portez par lesdits Arrêts & Lettres Patentes du 14. Septembre & 21. Novembre derniers, ledit Corps ne pourra être cy-après poursuivi ny recherché sous quelque prétexte que ce soit, à cause de la réunion desdits droits, ny être taxé pour confirmation ny autrement, & que les Marchands dudit Corps demeureront déchargez en général & en particulier des sommes ausquelles Nous aurions auparavant fixé la finance desd. Offices par les Rôles que Nous aurions fait arrêter en notre Conseil, & en consideration des grosses finances que ledit Corps nous a payé depuis l'année 1691. pour les charges de Maîtres & Gardes, d'Auditeurs & Examinateurs des Comptes, & de Trésorier de Bourse commune, & de celles qui seront payées en execution des Edits des mois de Janvier & May 1704. que leurdit Corps sera maintenu & gardé dans tous ses droits, privileges & attributions portez par nos Edits, Déclarations & Lettres Patentes confirmatives de leurs Statuts. A CES CAUSES, & autres à ce nous mouvans, de l'Avis de notre Conseil qui a vû l'Arrêt de notredit Conseil du 14. Septembre dernier, nos Lettres Patentes du 21. Novembre suivant, de notre certaine science, pleine puissance & autorité Royale, Nous avons dit, statué & ordonné, & par ces Présentes signées de notre main, disons, statuons & ordonnons, voulons & nous plaît, que ledit Arrêt de notre Conseil du 14. Septembre dernier, & nos Lettres Patentes dudit jour 21. Novembre suivant, soient exécutez selon leur forme & teneur, & y ajoûtant pour faciliter le payement qu'ils nous doivent faire de ladite somme de quatre-vingt quinze mille livres & les deux sols pour livre d'icelle, Nous avons permis & permettons aux Maîtres & Gardes dudit Corps d'en faire l'emprunt, soit à constitution de rente ou autrement, à raison du denier dix-huit ou autre plus avantageux, & à tous Notaires d'en passer les Contrats nonobstant tous Edits, Déclarations & Arrêts à ce contraires, ausquels à cet égard nous avons dérogé & dérogeons: Comme aussi voulons que les droits des Poids & Mesures soient payez ainsi que les droits de visite attribuez par chacun an audit Corps par chacune maison & cave desdits Marchands & par tous vendans Vins en notre Ville & Fauxbourgs de Paris, sans aucune exception ni réserve des lieux privilégiez & autres, où les Commis de nos Aydes font leurs exercices: Permettons aux Maîtres & Gardes dudit Corps de recevoir à l'avenir de chaque Particulier qui se présentera pour être reçû Marchand, la somme de vingt livres pour le Certificat de service pendant quatre années chez les Marchands, & pareille somme de vingt livres pour l'enregistrement de chaque Lettre de Marchand, outre les anciens droits attribuez & qui ont accoûtumé d'être payez à chaque réception de Marchand, & de recevoir des Marchands sans qualité lorsqu'ils seront jugez capables par les Maîtres & Gardes de faire bien & dûement le Commerce, & au moyen du payement qui sera fait par ledit Corps des sommes de quatre-vingt quinze mille livres de Finance principale, & neuf mille cinq cens livres pour les deux sols pour livre, dans les termes portez par l'Arrêt de notre Conseil, & Lettres Patentes des 14. Septembre & 21. Novembre dernier, Voulons que ledit Corps des Marchands de Vins ne puisse être cy-après poursuivi ni recherché sous quelque prétexte que ce soit, à cause de la réunion desdits droits, ni être taxé pour confirmation : Ordonnons que les Marchands dudit Corps demeureront déchargez en général & en particulier des sommes ausquelles nous avons auparavant fixé la Finance desdits Offices par les Rôlles que nous en avons fait arrêter en notre Conseil. Voulons au surplus qu'à l'exemple des six Corps des Marchands nul ne puisse s'établir pour la profession & Commerce de la Marchandise de Vin dans les Fauxbourgs Saint Antoine & de la Conférence, dans l'enclos du Temple, de saint Denys de la Chartre, saint Jean de Latran, de saint Germain des Prez, dans la rue de l'Ourcine, rues adjacentes & autres lieux privilégiez ou prétendus tels, sans avoir pris Lettres des Gardes dudit Corps des Marchands de Vins ; lequel Nous avons maintenu & gardé, maintenons & gardons par ces presentes dans tous ses droits, Priviléges & attributions, portés par nos Edits, Déclarations, Lettres Patentes confirmatives de leurs Statuts & Arrêts de notre Conseil, que nous voulons être exécutés selon leur forme & teneur, sans qu'il y soit contrevenu, nonobstant tous Edits, Déclarations & Arrêts contraires, ausquels nous avons derogé & dérogeons par cesdites Présentes : N'entendons néanmoins que les nouveaux droits attribuez aux Marchands de Vins par la présente Déclaration, puissent être perçûs après que les sommes empruntées par ledit Corps en exécution de nos Edits de Janvier & Août mil sept cens quatre, auront été entierement acquittées. Si donnons en mandement à nos amez & feaux Conseillers les Gens tenans notre Cour de Parlement à Paris, que ces Présentes ils ayent à faire lire, publier & regiſtrer, & du contenu en icelles faire jouir & uſer leſdits Marchands de Vins de notredite Ville & Fauxbourgs de Paris, ſelon leur forme & teneur; CAR TEL EST NOTRE PLAISIR: En témoin de quoi Nous avons fait mettre notre Scel à ceſdites Préſentes. DONNE' à Verſailles le vingt-ſixiéme jour de Février l'an de grace mil ſept cens ſept, & de notre Regne le ſoixante-quatriéme. *Signé*, LOUIS: *Et plus bas*; Par le Roy: PHELYPEAUX, avec paraphe.

Regiſtrées, ouy le Procureur Général du Roy, pour jouir par ledit Corps des Marchands de Vins de cette Ville de Paris, de l'effet & contenu en icelles, & être exécutées ſelon leur forme & teneur, aux charges portées par l'Arrêt. A Paris en Parlement le quatriéme Avril mil ſept cens ſept. Signé, DU TILLET.

ARREST DE LA COUR DE PARLEMENT,

Qui homologue l'Ordonnance du Bureau de la Ville, portant établiſſement de douze Gaigne-deniers, pour faire, à l'excluſion de tous autres, le Roulage des Vins aux Ports de Saint Paul & de la Tournelle, à la préſentation & nomination des Maîtres & Gardes du Corps de la Marchandiſe de Vin.

Du 9. Septembre 1722.

LOUIS par la grace de Dieu, Roy de France & de Navarre; au premier des Huiſſiers de notre Cour de Parlement, ou autre notre Huiſſier ou Sergent ſur ce requis: SÇAVOIR FAISONS, que Vû par la Chambre des

Vacations la Requête présentée par les Maîtres & Gardes du Corps des Marchands de Vins de cette Ville de Paris, à ce qu'il plût à ladite Cour & en ladite Chambre homologuer l'Ordonnance rendue au Bureau de cette Ville le 18. Juin 1722. pour être exécutée selon sa forme & teneur. Vû aussi ladite Ordonnance attachée à ladite Requête, signée, COPINEAU, MONTAGNE, HOUDAS, AVRILLON, SEJAN & TOUCHAIN, Supplians, & ALLIER, Procureur: De laquelle Ordonnance la teneur ensuit: De par les Prévôt des Marchands & Echevins de la Ville de Paris, pour le Roulage des Vins sur les Ports, du 18. Juin 1722. A tous ceux qui ces Présentes Lettres verront: PIERRE-ANTOINE DE CASTAGNERE, Chevalier Marquis de Château-neuf & de Marolles, Conseiller d'Etat, Prévôt des Marchands, & les Echevins de la Ville de Paris, SALUT. Sçavoir faisons, que sur ce qui Nous a été représenté par le Procureur du Roy & de la Ville, que depuis la suppression des Officiers de Police sur les Ports de cette Ville par Edit du mois de Septembre 1719. les Soldats se sont ingerez de faire le service & fonctions des Officiers Rouleurs de Vins, & ont chassé du Port de la Tournelle les Gaigne-deniers Compagnons desdits Rouleurs, qui sçavoient & étoient habituez à faire leurs fonctions, à la satisfaction des Marchands & du Public, & qui connoissoient toutes les marques des Marchands, de même que ceux qui font actuellement lesdites fonctions au Port de Saint Paul; que lesdits Soldats ne pouvant pas continuer ce travail à cause du service qu'ils sont obligez de faire pour le Roy, & n'étant pas habituez à le faire, ne connoissant pas les marques des Marchands ausquels appartiennent tous les Vins qui sont dans une même Equippe, dont le nombre est quelquefois jusqu'à quarante ou cinquante, ils abandonnent souvent le travail dans le plus fort de l'ouvrage, & confondent toutes les differentes marques des Marchands les unes avec les autres: ce qui fait que fort souvent il se trouve du Vin perdu, cause du trouble, des disputes & des querelles, & même des Procès entre les Marchands; un dérangement & une confuſion générale ſur le Port. Que depuis quelque tems un nombre de Particuliers ſe ſont auſſi arrogés la faculté de faire ſeuls le Rempliſſage des Vins à la Rapée, n'ayant pas voulu ſouffrir que les perſonnes de confiance envoyées par les Marchands faſſent ledit Rempliſſage ; & pour cet effet ils exigent des ſommes beaucoup plus fortes que celles qui étoient cy-devant payées : & que leſdits Soldats s'oppoſent à ce que les Gaigne-deniers Débardeurs puiſſent porter les Marchandiſes de Bois à brûler de deſſus les Ports dans les maiſons des Bourgeois, lorſqu'ils en ſont requis, prétendant que leſdits Gaigne-deniers Débardeurs ne peuvent faire que la décharge deſdites Marchandiſes de Bois du Batteau à terre, & non juſques dans les maiſons des Bourgeois. Pourquoi requeroit qu'à la nomination des Maîtres & Gardes du Corps de la Marchandiſe de Vin de cette Ville, il nous plût commettre des Gaigne-deniers Compagnons des anciens Rouleurs, dont les noms ſeroient inſcrits dans un Tableau qui ſeroit dépoſé, tant au Bureau de la Ville, qu'au Bureau deſdits Maîtres & Gardes & au Bureau des Entrées, pour faire le Roulage des Vins ſur les Ports ; auſquels il ſeroit payé pour leurs ſalaires ordinaires ſix deniers par Muid ou demie-queue de toutes Jauges, deux demi Muids ou quatre quarts pour Muid, & deux quartaux pour demie-queue ; à la charge qu'ils ſeroient tenus de mettre à part les Vins de chacune marque des Marchands, & d'en faire des pilles à dix pieds au moins au-deſſus du bord de la riviere ; Permettre aux Marchands de faire faire à la Rapée le Rempliſſage des Vins par leurs Tonneliers ou telles autres perſonnes qu'ils jugeront à propos, auſquels il ſeroit payé pour cet effet cinquante ſols pour chacun Batteau, de quelque ſorte de Vin qu'il ſoit chargé, venant de la riviere de Loire ; & ſix livres pour chacun Batteau venant de Champagne ou de Bourgogne, pour les Vins qui ſe trouveront dans des Batteaux chargez d'autres Marchandiſes à proportion : & faire défenſes aux Soldats de troubler leſdits Gaigne-deniers Compagnons Rouleurs dans leurs fonctions pour le Roulage des Vins ſur leſdits Ports, & à toutes perſonnes de troubler ceux qui ſeront commis pour le Rempliſſage des Vins à la Rapée, ſous telles peines qu'il appartiendroit ; ſauf auſdits Soldats à être employez pour faire la fonctions des Tireurs au moulinet, & pour charger les Vins ſur les Haquets dans tous les Ports ; pourquoi il leur ſera payé deux ſols par voyes de toutes Jauges : & même pour faire le Roulage des Vins à la Halle aux Vins ; Comme auſſi ordonner que les Gaigne-deniers Debardeurs pourront porter les Marchandiſes de Bois de deſſus les Ports de cette Ville dans les maiſons des Bourgeois, lorſqu'ils en ſeront requis, ſans que leſdits Soldats puiſſent les en empêcher, ni que leſdits Gaigne-deniers Debardeurs puiſſent empêcher leſdits Soldats de faire la décharge & tranſport deſdites Marchandiſes dans les maiſons des Bourgeois, auſſi lorſqu'ils en ſeront requis. Ayant égard auſdites remontrances & requiſitoire du Procureur du Roy & de la Ville, Nous ordonnons qu'à la préſentation & nomination des Maîtres & Gardes de la Marchandiſe de Vin de cette Ville, il ſera par Nous commis ſix Gaigne-deniers Compagnons Rouleurs pour faire le Roulage des Vins ſur le Port de Saint Paul, & pareil nombre pour faire le Roulage des Vins ſur le Port de la Tournelle, dont les noms ſeront écrits dans un Tableau au Bureau de la Ville, au Bureau deſdits Maîtres & Gardes, & au Bureau des Entrées ; auſquels il ſera payé pour leurs ſalaires ordinaires ſix deniers par chacun Muid ou demie-queue de toutes Jauges, deux demi Muids ou quatre quarts pour Muid, & deux quartaux pour demie-queue : pour chacun panier de Vin en bouteille, un ſol : & pour un demi panier, ſix deniers ; à la charge par eux de mettre à part les Vins de chacune marque des Marchands, & d'en faire des pilles à dix pieds au moins au-deſſus du bord de la riviere ; Que le Roulage des Vins ſera pareillement fait aux Ports de vente de la Gréve à la même raiſon, ainſi qu'à la deſcente des Coches audit Port de Saint Paul ; & qu'au Port de la Halle aux Vins, il ſera payé à ceux qui ſeront commis pour faire ledit Roulage, ſçavoir, un ſol par chacun Muid ou demie-queue de toutes Jauges, roulé depuis le bout des chemins des Tonneliers, juſques ſur ledit Port, à dix pieds au moins au-deſſus du bord

de

de la riviere, deux demi Muids ou quatre quarts pour Muid, & deux quartaux pour demie-queue ; & trois sols pour chacun Muid ou demie-queue de toutes Jauges de tous ceux qui seront roulez jusques dans ladite Halle, en quelqu'endroit que ce soit, deux demi Muids ou quatre quarts pour Muid, & deux quartaux pour demie-queue ; à la charge pareillement de mettre à part les Vins de chacune marque des Marchands, & d'en faire des pilles séparées. Que le remplissage des Vins sera fait à la Rapée par tel Tonnelier ou autres personnes que les Marchands jugeront à propos de choisir : ausquels il sera payé pour cet effet cinquante sols pour chacun Batteau, de quelque sorte de Vin qu'il puisse être chargé, venant de la riviere de Loire ; & six livres par chacun Batteau venant de Champagne ou de Bourgogne ; & pour les Vins qui se trouveront dans les Batteaux d'autres Marchandises à proportion. Et faisons défenses aux Soldats de s'ingérer de faire le Roulage des Vins sur les Ports de cette Ville, ni de troubler lesdits Gaigne-deniers Compagnons Rouleurs dans leurs fonctions pour le Roulage desdits Vins ; & à toutes personnes de troubler ceux qui seront commis par les Marchands pour le remplissage des Vins à la Rapée, à peine d'un mois de prison pour chacune contravention, sauf ausdits Soldats à être employez pour faire la fonction de Tireurs au moulinet, & pour charger les Vins sur les Hacquets dans tous les Ports ; pourquoi il leur sera payé deux sols par voye de toutes Jauges : & même pour faire le Roulage des Vins à la Halle aux Vins. Et disons que les Gaigne-deniers Débardeurs de Bois pourront porter les Marchandises de Bois de dessus les Ports de cette Ville dans les maisons des Bourgeois, lorsqu'ils en seront requis, sans que les Soldats puissent les en empêcher, ni que lesdits Gaigne-deniers Débardeurs puissent empêcher lesdits Soldats de faire la décharge & transport desdites Marchandises de Bois de dessus lesdits Ports dans les maisons des Bourgeois, aussi lorsqu'ils en seront requis. Ce qui sera lû, publié & affiché sur tous les Ports de cette Ville & par tout où besoin sera, & exécuté nonobstant oppositions ou appellations, & sans préjudice d'icelles. FAIT au Bureau de la

Ville le 18. Juin 1722. *Signé*, TAITBOUT : à côté, Scellé le 5. Septembre 1722. Reçû 4. sols, avec paraphe. Conclusions de notre Procureur Général: OUY le rapport de Maître Philippes-Charles Gauthier du Bois, Conseiller : TOUT CONSIDERE', Notredite Chambre a homologue & homologue ladite Ordonnance du 18. Juin dernier, pour être exécutée selon sa forme & teneur. FAIT en Parlement en Vacations le neuviéme jour de Septembre, l'An de grace mil sept cens vingt-deux, & de notre Regne le huitiéme. Par la Chambre, Collationné, *signé*, GILBERT.

DECLARATION DU ROY;

Concernant les Vins du Crû des Bourgeois de Paris.

Donnée à Fontainebleau le 28. Septembre 1724.

Registrée en Parlement.

LOUIS par la grace de Dieu, Roy de France & de Navarre : à tous ceux qui ces présentes Lettres verront, SALUT. Nous sommes informés par différentes Instances qui sont pendantes en notre Conseil, que les Bourgeois de notre bonne Ville de Paris sont troublés dans la liberté qu'ils doivent avoir de vendre le Vin de leur crû en détail, dans ladite Ville & Fauxbourgs ; les Maîtres & Gardes de la Communauté des Marchands de Vins ayant prétendu qu'ils ne pouvoient faire cette vente autrement qu'à huis coupé & pot renversé, ni ailleurs que dans leurs maisons d'habitation, par eux-mêmes ou par leurs domestiques, ayant même obtenu quelques Arrêts qui les ont autorisés dans cette prétention; Nous avons déja par un Arrêt de notre Conseil du 15. Mars 1718. contradictoire avec lesdits Marchands de Vins, rétabli une partie de l'ancien Droit des Habitans de notredite Ville, en jugeant qu'ils peuvent dans la vente qu'ils font de leurs Vins en détail, fournir tables, siéges, pots & verres seulement. La différence qui étoit lors par rapport à nos droits d'Aydes, entre les Vendans à pot, & les Vendans à assiette, Nous avoit fait ajoûter dans cet Arrêt, que les Bourgeois de notredite Ville seroient tenus, avant de commencer la vente de leurs Vins, de déclarer à notre Fermier s'ils entendoient vendre à pot ou à assiette: Mais cette Déclaration étant devenue inutile par la suppression que Nous avons faite des Droits de détail dans notredite Ville & Fauxbourgs, il ne Nous reste plus pour lever toutes les difficultés entre les Bourgeois & les Maîtres & Gardes de la Communauté des Marchands de Vins que d'expliquer nos intentions sur les lieux où les Habitans de notredite Ville peuvent faire la vente de leurs Vins. L'Ordonnance des Aydes du mois de Juin 1680. permet à tous nos Sujets de vendre le Vin de leur crû en une ou plusieurs maisons à leur choix, & elle ne restraint à ne pouvoir vendre hors la maison d'habitation, que ceux qu'elle exempte des Droits de détail: Et comme les Habitans de notredite Ville & Fauxbourgs de Paris, ont toûjours été sujets ausdits Droits de détail, qu'ils acquittent aujourd'hui avec ceux de l'Entrée; c'est contre l'esprit de ladite Ordonnance de 1680. que nos Juges ordinaires, à qui cette Ordonnance n'étoit point connue, parce qu'elle n'a été enregistrée qu'en notre Cour des Aydes, leur ont défendu de vendre ailleurs que dans leur maison d'habitation. Et comme il ne seroit pas juste qu'ils demeurassent privés d'un Privilége qui leur a appartenu de tout tems, & qui leur est même commun avec tous nos autres Sujets; Et que la Communauté des Marchands de Vins, qui seul pourroit avoir interêt de s'y opposer, y est au fonds très-mal fondée, puisque le Privilége de cette Communauté ne consiste que dans la faculté exclusive d'acheter & vendre Vin, & de fournir aux Bûveurs, nappes, serviettes, assiettes, & viande: Et que les dispositions qu'ils ont fait inserer dans les Lettres par eux obtenues le 21. Avril 1705. pour la confirmation de leurs nouveaux Statuts, ne peuvent nuire ni préjudicier aux droits des Bourgeois de notredite Ville de Paris, Nous avons jugé nécessaire d'expliquer ſur ce nos intentions. A CES CAUSES, & autres à ce Nous mouvans, de l'Avis de notre Conſeil, & de notre certaine ſcience, pleine puiſſance & autorité Royale; Nous avons par ces Préſentes ſignées de notre main, dit, déclaré & ordonné, diſons, déclarons & ordonnons, Voulons & Nous plaît, que les Bourgeois & Habitans de notre bonne Ville & Fauxbourgs de Paris, qui poſſedent des Vignes à eux appartenantes, & qui les font cultiver & façonner à leurs frais & dépens, puiſſent vendre le Vin qui en proviendra, en notredite Ville & Fauxbourgs, en détail, avec pots dûement étalonés, en tels lieux & par telles perſonnes qu'ils jugeront à propos, pour leur propre compte & ſans fraude, & fournir aux Buveurs tables, ſiéges, pots & verres, ſans pouvoir fournir nappes, ſerviettes & aſſiettes, ni donner à manger, à peine de cent livres d'amende pour chaque contravention au profit de la Communauté deſdits Marchands de Vins, & à la charge par les Bourgeois de notredite Ville, de faire enregiſtrer, une fois ſeulement, dans un regiſtre que leſdits Marchands de Vins ſeront tenus d'avoir en leur Bureau, les Titres de proprieté de leurs Vignes, avec le Certificat en bonne forme des Curés, Syndics ou Marguilliers des Paroiſſes où leſdites Vignes ſont ſituées, contenant qu'ils font cultiver & façonner leſdites Vignes à leurs frais & dépens, & déclarer chaque année au Bureau deſdits Marchands de Vins, avant de commencer la vente, la quantité de Vins qu'ils auront recueillie, & celle qu'ils entendent vendre en détail, les rues & quartiers où ils voudront faire ladite vente, & le nom des perſonnes qu'ils devront y employer; deſquels enregiſtremens que Nous voulons être faits à leur premiere requiſition, il leur ſera donné un double ſigné de celui qui ſera à cet effet prépoſé par la Communauté deſdits Marchands de Vins; le tout ſans aucun frais, ſi ce n'eſt du papier. Permettons aux Maîtres & Gardes de ladite Communauté, de faire leurs viſites au nombre de deux ſeulement, en vertu d'Ordonnance du Lieutenant Général de Police, & aſſiſtés d'un Commiſſaire au Châtelet, qui aura été par lui commis, dans les maiſons où leſdits Bourgeois feront la vente & le débit de leurs Vins, & de dresser leurs Procès verbaux en cas de fraude ou de contravention aux Réglemens de Police, pour y être pourvû ainsi qu'il appartiendra; sans que lesd. Maîtres & Gardes puissent prendre aucuns droits ni frais pour lesdites visites, à peine de concussion; dérogeans en tant que besoin est ou seroit, à toutes Lettres Patentes ou Jugemens à ce contraires. SI DONNONS EN MANDEMENT à nos amez & feaux Conseillers les Gens tenans notre Cour de Parlement & Cour des Aydes à Paris, que ces Présentes ils ayent à faire lire, publier & registrer, & le contenu en icelles garder, observer & exécuter selon leur forme & teneur : CAR tel est notre plaisir. En témoin de quoi Nous avons fait mettre notre Scel à cesdites Présentes. DONNÉ à Fontainebleau le vingt-huitiéme jour de Septembre, l'an de grace mil sept cens vingt-quatre, & de notre Regne le dixiéme. *Signé*, LOUIS. *Et plus bas*, PHELYPEAUX. Vû au Conseil, DODUN. Et scellé du grand Sceau de cire jaune.

Registrées, ouy, & ce requerant le Procureur Général du Roy, pour être exécutées selon leur forme & teneur, suivant l'Arrêt de ce jour. A Paris en Parlement, le vingtiéme jour de Décembre mil sept cens vingt-quatre. Signé, YSABEAU.

LETTRES PATENTES SUR ARREST,

QUI défendent aux Cent Suisses de vendre du Vin, & leur accordent une augmentation de paye.

Données à Chantilly le 24. Juillet 1725.

LOUIS, par la grace de Dieu, Roy de France & de Navarre : A nos amez & feaux Conseillers les Gens tenant notre Cour des Aydes à Paris, SALUT. Nous sommes informez que plusieurs des Cent Suisses de notre Garde, s'occupant du Commerce de vendre du Vin & autres Boissons en gros ou en détail, sont détournez du service qu'ils Nous doivent; Nous avons déja pourvû par Arrêt rendu en notre Conseil, Nous y étant, le premier Juin 1720. à l'indemnité des treize Privilegiez qui avoient la faculté de vendre dans notre bonne Ville de Paris chacun cent cinquante muids de Vin, sans payer aucuns droits de huitiéme: Et voulant empêcher que sous aucun prétexte aucun des Cent Suisses ne puissent à l'avenir faire ce Commerce, Nous avons bien voulu augmenter leur solde, par Arrêt rendu en notre Conseil d'Etat, Nous y étant, le 14. Décembre 1723. pour l'execution duquel Nous avons ordonné que toutes Lettres seroient expediées. A CES CAUSES, de l'avis de notre Conseil qui a vû ledit Arrêt cy-attaché sous le contre-scel de notre Chancellerie, Nous avons défendu, & par ces Présentes signées de notre main, faisons très-expresses inhibitions & défenses à tous les Cent Suisses de le Garde ordinaire de notre Corps, de faire aucun Commerce de Vins & autres Boissons, soit en gros, soit en détail, directement ou indirectement en quelque maniere que ce soit, par eux, leurs femmes, quoique séparées, enfans, domestiques, & autres personnes interposées, même d'habiter dans aucune maison où se fasse ledit Commerce, à peine de cinq cens livres d'amende, de confiscation des Boissons, & de prison pendant six mois, dont au défaut de payement, ainsi que des droits qui se trouveront par eux dûs à notre Ferme des Aydes, la retenuë sera faite sur la paye de toute la Compagnie, sauf le recours de la Compagnie contre le Contrevenant par les voyes de la Justice ordinaire. Voulons que dans huitaine du jour de la publication du présent Arrest, & à l'avenir lors de la reception desdits Cent Suisses, ils soient tenus de faire serment entre les mains de leur Capitaine de se conformer au présent Arrest; & que ceux qui refuseront de prêter le serment, ou qui contreviendront au présent Reglement, soient à l'instant cassez & chassez de la Compagnie sans aucun remboursement. Accordons à ladite Compagnie six sols par jour d'augmentation de paye pour chaque place, faisant avec quatorze sols dont ils ont joui par le paſſé, une paye de vingt ſols par jour, revenant ladite augmentation de ſix ſols par jour par place à quatorze mille huit cens quatre-vingts-douze livres par an, pour laquelle ſomme ladite Compagnie ſera employée annuellement dans l'état des Charges de notre Ferme générale des Aydes, à commencer du premier Janvier 1724. & payée de mois en mois & par avance par le Regiſſeur ou Fermier General des Aydes, au Tréſorier de ladite Compagnie, ſur ſes ſimples Quittances ; & ſera libre au Capitaine de faire retenir un ſol par place d'Officier, & ſix deniers par place de Suiſſe. SI VOUS MANDONS que ces Préſentes vous ayiez à faire publier & enregiſtrer, & le contenu en icelles garder, obſerver & executer ſelon leur forme & teneur, nonobſtant tous Edits, Déclarations, & Lettres à ce contraires, auſquels nous avons dérogé & dérogeons par ces Préſentes, aux copies deſquelles collationnées par l'un de nos amez & feaux Conſeillers-Secretaires voulons que foi ſoit ajoûtée comme à l'Original : CAR tel eſt notre plaiſir. Données à Chantilly le 24. Juillet, l'an de grace mil ſept cens vingt-cinq, & de notre regne le dixiéme. *Signé*, LOUIS. *Et plus bas*, Par le Roy, PHELYPEAUX. Et ſcellées du grand Sceau de cire jaune.

Regiſtrées en la Cour des Aydes, ouy, & ce requerant le Procureur Général du Roy, pour être exécutées ſelon leur forme & teneur, ordonné que copies collationnées d'icelles ſeront envoyées au Siége de l'Election de Paris, pour y être lûes, publiées & regiſtrées, l'Audience tenant. Enjoint au Subſtitut du Procureur Général du Roy audit Siége d'y tenir la main, de certifier la Cour de ſes diligences au mois. Fait à Paris en la premiere Chambre de ladite Cour des Aydes, le vingt-deuxiéme jour du mois d'Août mil ſept cens vingt-cinq. Collationné. Signé, ROBERT.

Extrait des Regiſtres du Conſeil d'Etat.

LE Roy étant informé que pluſieurs des Cent Suiſſes de ſa Garde, s'occupant du Commerce de vendre du Vin & autres Boiſſons en gros ou en détail, ſont détournez du ſervice qu'ils lui doivent, & déja pourvû par Arrêt du Conseil du premier Juin 1720. à l'indemnité des treize Privilégiez qui avoient la faculté de vendre dans la Ville de Paris chacun cent cinquante Muids de Vins, sans payer aucuns droits de huitiéme. Et Sa Majesté voulant empêcher que sous aucun prétexte aucun des Cent-Suisses ne puissent à l'avenir faire ce Commerce, & voulant bien augmenter leur solde en cette consideration, après avoir eu l'avis du Sieur Marquis de Courtenvaux Capitaine de la Compagnie desdits Cent-Suisses, & ouy le rapport du Sieur Dodun Conseiller ordinaire au Conseil Royal, Contrôlleur général des Finances: LE ROY ETANT EN SON CONSEIL, a fait très-expresses inhibitions & défenses à tous les Cent Suisses de la garde ordinaire de son Corps, de faire aucun Commerce de Vin & autres Boissons, soit en gros, soit en détail, directement ou indirectement en quelque maniere que ce soit, par eux, leurs femmes, quoique séparées, enfans, domestiques, & autres personnes interposées, même d'habiter dans aucune maison où se fasse ledit Commerce, à peine de cinq cens livres d'amende, de confiscation des Boissons, & de prison pendant six mois, dont au défaut de payement, ainsi que des droits qui se trouveront par eux dûs à la Ferme des Aydes, la retenue sera faite sur la paye de toute la Compagnie, sauf le recours de la Compagnie contre le contrevenant par les voyes de la Justice ordinaire. Permet néanmoins à ceux desdits Cent-Suisses qui n'ont point encore debité les Vins qu'ils avoient, d'en faire la vente jusqu'au premier May prochain, à la charge d'en payer les droits & de souffrir les visites & exercices des Commis: Veut Sa Majesté que dans huitaine, à compter du jour de la publication du présent Arrêt, & à l'avenir lors de la réception desdits Cent-Suisses, ils soient tenus de faire serment entre les mains de leur Capitaine de se conformer au présent Arrêt, & que ceux qui refuseront de prêter ledit serment, ou qui contreviendront au présent Reglement, soient à l'instant cassez & chassez de la Compagnie sans aucun remboursement. Accorde Sa Majesté à ladite Compagnie six sols par jour d'augmentation de paye

pour

pour chaque place, faisant avec quatorze sols dont ils ont joui par le passé, une paye de vingt sols par jour, revenant ladite augmentation de six sols par jour par place à quatorze mille huit cens quatre-vingts douze livres par an, pour laquelle somme ladite Compagnie sera employée annuellement dans l'état des charges de la Ferme générale des Aydes, à commencer du premier Janvier prochain, & payée de mois en mois & par avance par le Regisseur ou Fermier général des Aydes au Trésorier de ladite Compagnie, sur ses simples quittances; & sera libre au Capitaine de faire retenir un sol par place d'Officier, & six deniers par place de Suisse: Et seront sur le présent Arrêt, si besoin est, toutes Lettres expediées. FAIT au Conseil d'Etat du Roy, Sa Majesté y étant, tenu à Versailles le quatorziéme Décembre mil sept cens vingt-trois. Signé, PHELYPEAUX.

DECLARATION DU ROY

CONCERNANT LES JUGES ET CONSULS de la Ville de Paris.

Donnée à Versailles le 18. Mars 1728.

LOUIS par la grace de Dieu, Roy de France & de Navarre: A tous ceux qui ces présentes Lettres verront, SALUT. L'élection des Juges & Consuls des Marchands de notre bonne Ville de Paris, faite en l'année 1727. ayant donné lieu à une contestation portée en notre Cour de Parlement, sur l'opposition formée à cette élection par les Libraires & Imprimeurs, & par les Marchands de Vins, les Parties interessées ont renouvellé à cette occasion plusieurs difficultez qui avoient déja été agitées, tant au sujet du nombre & de la qualité des sujets qu'il seroit convenable d'élire pour Juge & Consuls, que pour la durée de leur exercice & pour la forme des élections: ces difficultez ayant donné lieu à deux

Arrêts de notredite Cour, des 3. & 5. Février 1727. dont le premier a surcis la prestation de serment des nouveaux Juge & Consuls élûs, & dont le second a ordonné que les six Corps des Marchands remettroient entre les mains de notre Procureur Général, leurs mémoires sur la maniere dont il convenoit de proceder à l'Election ; notredite Cour par un dernier Arrêt du 17. Mars 1727. a ordonné qu'avant faire droit sur le tout, Nous serions très-humblement suppliez d'expliquer nos intentions par une Déclaration, s'il Nous plaisoit en envoyer une à notredite Cour ; & cependant que par provision, & sans préjudice des droits des Parties au principal, les Juge & Consuls nouvellement élûs prêteroient serment, & exerceroient leurs fonctions jusqu'à ce qu'autrement en eût été ordonné ; & Nous étant fait rendre compte des Requêtes, Mémoires & Pieces présentées de la part de toutes les Parties, comme aussi des Mémoires qui ont été donnez par les six Corps, en exécution de l'Arrêt de notredite Cour du 5. Février, Nous avons reconnu dans les différentes vûes, que chacun de ces Corps a crû devoir proposer sur ce sujet, le même zele pour le service du Public, & dans le partage de leurs sentimens, Nous n'en avons trouvé aucun sur le désir de procurer la Justice la plus exacte & l'expédition la plus prompte ; Nous aurions désiré qu'il eût été possible de placer dans le Consultat des sujets tirez de tous les Corps des Négocians pour y réunir en même-tems des personnes également instruites des différentes parties du Commerce, qui font toutes le sujet ordinaire des contestations dont la connoissance appartient aux Juge & Consuls ; mais la difficulté de concilier la promptitude de l'expédition qui est un des principaux objets de la Jurisdiction Consulaire, avec le nombre des Consuls qu'il auroit fallu établir, pour y faire entrer tous les ans des sujets choisis dans chaque Corps de Commerçans, Nous a déterminé à Nous contenter de suivre cette vûe, autant qu'il est possible, sans augmenter l'ancien nombre des Juge & Consuls, en n'y admettant dans chaque Election que des sujets qui se soient formez dans différentes especes de Commerce, & qui par cette raison ne soient jamais tirez du même Corps: Nous avons aussi consideré que dans une Jurisdiction dont les Juges se renouvellent toutes les années, il étoit nécessaire d'établir un ordre fixe, qui conservant toûjours une partie des Juges actuellement en place, avec ceux qui sont choisis de nouveau pour remplir les mêmes fonctions, mît ces derniers en état de profiter des lumieres & de l'expérience des premiers; ensorte que le même esprit & la même jurisprudence se perpetuant ainsi plus facilement dans la Jurisdiction Consulaire, le Public fût encore plus assuré d'en recevoir toute l'utilité qu'il en doit attendre. Nous avons crû enfin devoir expliquer nos intentions sur ce qui regarde la forme des Elections, & encore plus sur la qualité de ceux qui doivent y être appellez, sur laquelle l'Edit de 1563. n'avoit rien déterminé dans un tems, où en jettant les premiers fondemens de la Jurisdiction Consulaire, on n'avoit pû encore connoître, & le bien qu'on en pouvoit attendre, & les abus qu'on en pouvoit craindre. A CES CAUSES & autres à ce Nous mouvans, de l'avis de notre Conseil, & de notre certaine science, pleine puissance, & autorité Royale, Nous avons dit, déclaré, statué & ordonné, & par ces Présentes signées de notre main, disons, déclarons, statuons & ordonnons, voulons & Nous plaît ce qui suit.

ARTICLE PREMIER.

Le nombre des Juge & Consuls des Marchands de notre bonne Ville de Paris, demeurera fixé à cinq; sçavoir, un Juge & quatre Consuls, comme il l'a été jusqu'à présent.

II.

Voulons que conformément à l'Edit du mois de Novembre 1563. les Juge & Consuls en exercice, soient tenus, trois jours avant la fin de leur année, d'appeller & assembler jusqu'au nombre de soixante Marchands, Bourgeois de notre bonne Ville de Paris, sans qu'il puisse en être appellé plus de cinq de chacun des six Corps des Drapiers, Apoticaires-Epiciers, Merciers, Pelletiers, Bonnetiers & Orfévres; ensemble de chacun des Corps des Libraires-Imprimeurs, & des Marchands de Vins, entre lesquels les Maîtres & Gardes, Syndics & Adjoints, seront préférablement admis, & sans qu'il puisse en être appellé un plus grand nombre d'un desdits Corps que de l'autre, lesquels seront tous appellez par commission des Juge & Consuls : & à l'égard de ceux qui seront nécessaires pour achever de remplir le nombre de soixante, seront appellez aussi par lesdits Juge & Consuls des Marchands ou Négocians, ou autres notables Bourgeois de notre bonne Ville de Paris, versez au fait du Commerce jusqu'au nombre de vingt, lesquels soixante, ensemble les cinq Juge & Consuls en exercice & non autres, en éliront trente d'entr'eux, qui sans partir du lieu & sans discontinuer, procederont avec lesdits Juge & Consuls à l'instant & le jour même, à peine de nullité, premierement à l'élection d'un nouveau Juge pour entrer en exercice, & ensuite à celle des quatre Consuls, dont deux seront élûs pour entrer aussi en exercice avec deux qui resteront de la précedente élection, & les deux autres pour entrer en fonction après six mois révolus à compter du jour de ladite élection, auquel jour les deux qui seront restez de la précedente élection, sortiront de charge, sans que les uns ni les autres puissent commencer leur exercice, qu'après avoir prêté le serment en la Grand'-Chambre de notre Parlement en la maniere accoûtumée.

III.

Le Juge sera toûjours choisi suivant l'usage ordinaire entre les anciens Consuls, & tant ledit Juge que les quatre Consuls qui devront être en exercice dans le même tems, seront toûjours de Corps & de Commerces différens, sans qu'il en puisse être choisi aucun qui soit du même Corps, que ceux qui seront élûs en même tems que lui, ou avec lesquels il exercera ses fonctions pendant le tems & espace de six mois, suivant ce qui est porté par l'Article précedent.

IV.

Voulons en conséquence pour commencer à établir l'ordre cy-dessus prescrit, qu'aussi-tôt après l'enregistrement des Préſentes en notre Cour de Parlement, les Juge & Conſuls actuellement en place faſſent appeller & aſſembler juſqu'au nombre de ſoixante Marchands Bourgeois de ladite Ville en la forme cy-deſſus preſcrite, à l'effet d'en élire pareillement trente d'entr'eux qui procederont ſur le champ à l'élection, tant d'un nouveau Juge que de quatre Conſuls, lequel nouveau Juge exercera ſes fonctions juſqu'au dernier Janvier de l'année 1729. Et à l'égard deſdits quatre Conſuls nouvellement élûs, deux entreront en exercice auſſi-tôt après leur élection, avec les deux anciens des quatre Conſuls actuellement en place, ou au refus deſdits anciens, avec les deux derniers, & les deux autres n'entreront en exercice qu'au mois d'Août de la préſente année avec les deux qui auront été choiſis dans ladite prochaine élection, auquel jour les deux qui ſeront reſtez de l'élection de 1727. ſortiront d'exercice, leſquels deux Conſuls qui entreront au mois d'Août prochain demeureront en place juſqu'au mois d'Août 1729. le tout après le ſerment par eux prêté, comme dit eſt, en la maniere accoûtumée, au moyen de quoi, lors de l'élection qui ſera faite au mois de Janvier 1729. ſeront élûs, ſuivant la forme cy-deſſus preſcrite, un Juge & quatre Conſuls auſſi de différens Corps & Commerces, pour par le Juge exercer une année entiere, & à l'égard de deux deſdits Conſuls élûs pour entrer en exercice auſſi-tôt après leur élection, avec les deux Conſuls qui y ſeront entrez au premier Août précedent, & les deux autres pour y entrer au premier Août 1729. avec ceux qui auront commencé leur exercice auſſi tôt après leur élection, laquelle forme ſera gardée & obſervée à l'avenir dans toutes les élections. Enjoignons à notre Cour de Parlement d'y tenir la main : SI DONNONS EN MANDEMENT à nos amez & feaux Conſeillers les Gens tenans notre Cour de Parlement à Paris, que ces Préſentes ils ayent à faire regiſtrer, & leur contenu garder & obſerver de point en point ſelon ſa forme & teneur : CAR tel eſt notre plaiſir, en témoin de quoi Nous avons fait mettre notre ſcel à ceſdites Préſentes. DONNÉ à Verſailles le dix-huitiéme jour de Mars, l'an de grace mil ſept cens vingt-huit ; & de notre

Regne le treiziéme. *signé*, LOUIS. *Et plus bas*; Par le Roy, PHELYPEAUX. Et scellée du grand Sceau de cire jaune.

Registrée, ouy, ce requerant le Procureur Général du Roy, pour être exécutée selon sa forme & teneur, suivant l'Arrêt de ce jour. A Paris en Parlement le vingt-trois Mars mil sept cens vingt-huit. Signé, DUFRANC.

SENTENCE DE POLICE

EN FORME DE REGLEMENT,

Qui ordonne que les Marchands de Vins de la Ville & Fauxbourgs de Paris auront à leurs Maisons & Caves des Enseignes & Barreaux pour indication de leur Commerce, avec défenses d'y mettre un Choux.

Du 25. Février 1729.

A TOUS ceux qui ces Présentes Lettres verront, GABRIEL JERÔME DE BULLION, Chevalier, Comte d'Esclimont, Mestre de Camp du Regiment de Provence, Conseiller du Roy en ses Conseils, Prevôt de Paris: SALUT, Sçavoir faisons, que sur la Requête faite en Jugement devant Nous à l'Audience de la Chambre de Police du Châtelet de Paris, par Me Armand Regnard de Barentin, Procureur des Maîtres & Gardes du Corps des Marchands de Vins de la Ville & Fauxbourgs de Paris, Demandeurs suivant les Exploits du 28. Septembre dernier, faits par Bardeau, Huissier à Cheval en cette Cour, contrôllez & présentez, tendant à ce que les cy-après nommez fussent tenus de mettre au devant de leurs Maisons & Caves, Enseignes & Barreaux, suivant les Ordonnances, Sentences & Reglemens de Police; que défenses leur seroient faites d'y avoir d'autres indications, & même d'y mettre un Choux, le tout à peine de fermeture desdites Maisons & Caves, à la diligence des Demandeurs, & d'interdiction du Commerce : & encore lesdits Maîtres & Gardes, Demandeurs en exécution de notre Sentence contradictoire du 17. Novembre dernier, qui ordonne que les Marchands du Corps s'assembleront pour déliberer s'il est expédient & d'usage qu'ils ayent & doivent avoir des Barreaux & Enseignes audevant de la porte de leurs Cabarets, & aux fins de la Requête verbale signifiée le 25. Janvier de la présente année par Genet, Audiencier, à ce que la Délibération faite le 9. dudit mois au désir de ladite Sentence, fût homologuée pour être exécutée selon sa forme & teneur : Ce faisant les Conclusions prises contre lesdits cy-après nommez par les Exploits susdattez, fussent faites & adjugées, & condamnez chacun en trois cens livres d'amende, cinq cens livres de dommages, interêts, avec dépens ; & ordonné que tous les Marchands du Corps des Demandeurs seroient tenus de se conformer au Jugement en forme de Reglement, qui qui interviendroit sur ladite demande sous pareilles peines que dessus, & icelui Jugement lû dans le Burreau du Corps assemblé, & inscrit dans le Registre, contre Me Tenneson, Procureur du sieur la Forge, Marchand de Vins, & encore Procureur de la Veuve Buffaut, aussi Marchande de Vins, Défendeurs ausdits Exploits, à l'exécution des Sentence & Requête verbale susdattées, assisté de Me Delorme, l'aîné, leur Avocat : Parties ouies, ensemble Monsieur Mre Durand de Montessu, Avocat du Roy, en ses Conclusions, lecture faite des Pieces, Nous avons, la Délibération en question, homologuée pour être exécutée selon sa forme & teneur ; en conséquence disons que les Parties de Delorme, & tous les autres Marchands de Vins de la Ville & Fauxbourgs de Paris, seront tenus d'avoir à leurs Maisons, Boutiques & Caves, des Enseignes & Barreaux pour indication de leur Commerce ; leur faisons défenses d'y avoir ny mettre un Choux, le tout à peine de cinquante livres d'amende, dépens néanmoins compensez entre les Parties sans tirer à conséquence : & la présente Sentence sera lüe dans le Bureau, le Corps assemblé, & inscrite dans le Registre dudit Corps & où besoin sera, ce qui sera exécuté nonobstant & sans préjudice de l'appel : En témoins de ce, Nous avons fait sceller ces Présentes qui furent faites & données par Messire René Herault, Chevalier Seigneur de Fontaine-Labbé, & autres lieux, Conseiller du Roy en ses Conseils d'Etat & Privé, Conseiller Honoraire en son Grand Conseil, Lieutenant Général de Police de la Ville, Prévôté & Vicomté de Paris, tenant le Siege le Vendredy vingt-cinq Février mil sept cens vingt-neuf. Collationné *Signé*, CUIRET, scellé le trois Mars mil sept cens vingt-neuf, *Signé*, DOYARD. Signifié & baillé copie à Me Tenneson à domicile, le cinq Mars mil sept cens vingt-neuf.

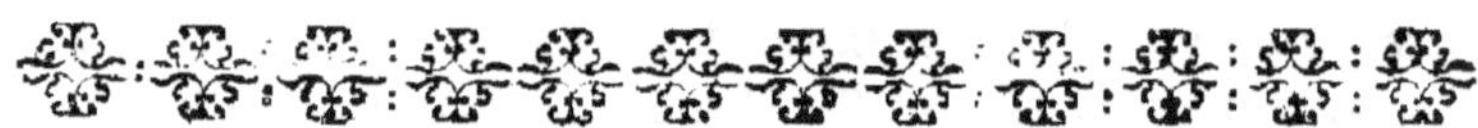

ARREST
DE LA COUR DE PARLEMENT,
En forme de Reglement,

Qui homologue les Délibérations du Corps de la Marchandise de Vin des 12. & 16. Décembre 1729. pour être exécutées selon leurs forme & teneur contre les Marchands dudit Corps & leurs Garçons, sous les peines y portées.

Du 31. Mars 1730.

LOUIS, par la grace de Dieu, Roy de France & de Navarre, au premier notre Huissier de Parlement ou autres sur ce requis : sçavoir faisons que vû par la Cour la Requête présentée par les Maîtres & Gardes du Corps des Marchands de Vins de Paris ; à ce que pour les causes y contenues

il

il plût à la Cour homologuer les Délibérations des 12. & 16. Décembre 1729. pour être exécutées selon leur forme & teneur : Vû aussi lesdites Délibérations, l'Arrêt du 2. Mars présent mois, qui, avant faire droit, ordonne que lesdites Délibérations seront communiquées au Lieutenant Général de Police, & au Substitut du Procureur Général au Châtelet, pour y donner leur Avis ; & l'Avis donné en conséquence par lesdits Lieutenans Général de Police, & Substitut du Procureur Général au Châtelet, le 14. desdits présent mois & an, portant que lesdites Délibérations peuvent être homologuées sans aucun inconvenient, attachées à ladite Requête, signée Allier, Procureur. Conclusions du Procueur Général du Roy, ouy le rapport de Mᵉ Pierre Joysel, Conseiller. Tout consideré :

Ensuit la teneur desdites Délibérations des 12. & 16. Décembre 1729.

Du 12. Décembre 1729.

La Compagnie convoquée par Billets, & assemblée en la maniere accoûtumée, Messieurs les Grands-Gardes & Maîtres & Gardes en Charge, ont représenté que quelque attention qu'on ait eu à maintenir les Garçons qui servent en ladite qualité les Marchands du Corps à faire leur devoir, comme feroient des Apprentifs, grand nombre de Marchands se plaignent journellement que leurs Garçons, sous prétexte qu'ils ne sont point engagez par un apprentissage, auquel un service de quatre ans bien certifié, supplée par les nouveaux Statuts du Corps de l'année 1705. Article III. pour y être reçûs Marchands, ne font leur service qu'autant & pendant le tems qu'il leur plaît, sans respect ni consideration pour les Marchands dont ils dépendent, ni pour les personnes qui se fournissent chez eux ; ensorte qu'au premier caprice & sans autre raison que leur fantaisie de changer, ils les quittent, affectant même les occasions où ils leur sont le plus nécessaires, comme dans le tems de leurs achats en Province ; & lorsqu'ils sont dans la nécessité pressante de faire chez eux & dans leurs Magasins les Reliages, Remplissages, Soûtirages en Pieces

& en Bouteilles, ce qui fait que les Marchands ne trouvant pas sur le champ d'autres Garçons, sont exposez à des pertes inévitables de partie de leurs Vins; que même cette facilité que les Garçons ont introduite par cabale de sortir de service quand bon leur semble, leur donne occasion de se débaucher les uns les autres, & de commettre des infidelitez pour entretenir leur libertinage; ce qui procede aussi de la facilité que nombre de Marchands ont à recevoir à leur service lesdits Garçons au mépris de la disposition précise de l'Article V. desdits Statuts de 1705. qui fait défenses à tous Marchands du Corps d'en recevoir aucun sans le consentement exprès & par écrit du dernier Marchand qu'il aura servi, & qu'après que ce dernier Marchand aura certifié des bonnes vie & mœurs du Garçon qui l'aura quitté: A quoi étant nécessaire de pourvoir, tant pour l'interêt de tous les Marchands du Corps, celui même de tous les Garçons, & la manutention de Police, que pour d'autant mieux constater le service desd. Garçons pendant les quatre années portées par les Statuts, avant de pouvoir acquerir la qualité de Marchand; lesdits Maîtres & Gardes ont fait rédiger les Articles qui suivent.

ARTICLE PREMIER

QUE tous les Garçons faisant la Marchandise de Vin, qui servent actuellement en ladite qualité chez les Marchands du Corps, seront tenus de se retirer sans délai au Bureau les Mardis & Vendredis, depuis deux heures jusques à six, pour y être leurs noms, surnoms, leur âge, le lieu de leur naissance, & le nom des Marchands qu'ils servent, inserez dans un Registre qui sera à cet effet tenu audit Bureau, lequel Registre sera paraphé par M. le Lieutenant Général de Police, duquel enregistrement sera délivré un double ausdits Garçons, signé au moins de deux Maîtres & Gardes en Charge, sans frais.

II.

QUE nul Marchand du Corps ne pourra garder à son service aucun Garçon qu'il ne lui ait justifié de son enregistrement au Bureau en la forme ci-dessus, à peine de cent livres d'amende pour chacune contravention.

III.

Que lorsqu'il se présentera des Garçons chez les Marchands pour les servir en cette qualité, sans être enregistrez au Bureau, duquel enregistrement ces Garçons pourroient ignorer l'obligation, lesdits Marchands seront tenus, avant de s'en servir, de les envoyer audit Bureau pour y être enregistrez en la forme ci-dessus sous pareilles peines, au cas qu'ils soient trouvez à leur service avant ledit enregistrement qu'ils se feront représenter par lesdits Garçons.

IV.

Qu'aussi-tôt la sortie d'un Garçon du service d'un Marchand, ledit Garçon sera tenu d'en faire sa déclaration au Bureau, laquelle sera inscrite sur le Registre, & le double d'icelle à lui délivré pour pouvoir entrer au service d'un autre Marchand, lequel ne pourra néanmoins le recevoir qu'il n'ait du dernier Marchand qu'il aura quitté, le Certificat de ses bonnes vie & mœurs, portant consentement qu'il le reçoive à son service, suivant & conformément à l'Article V. des Statuts de 1705. qui sera exécuté selon sa forme & teneur; & lorsque le Garçon y sera entré, il sera tenu d'en faire sa déclaration au Bureau, qui sera inscrite sur le Registre, & le double à lui délivré, à peine contre le Marchand & le Garçon de cent livres d'amende solidairement, même de plus grande peine s'il y écheoit.

V.

Que lorsqu'un Garçon se présentera au Bureau pour être reçû Marchand, il sera tenu, pour prouver ses quatre années de service portées par les Statuts, d'y représenter & laisser aux Maîtres & Gardes les doubles de son enregistrement, & des déclarations qu'il y aura faites, ensemble le Certificat du dernier Marchand qu'il aura servi, contenant le tems du service, & l'attestation de ses bonnes vie & mœurs, à peine d'être exclus du Commerce.

VI.

Et au cas que les Marchands d'où les Garçons seront sortis, refusent de leur donner (ou au Marchand au service duquel ils s'offriront) leurs Certificats de leurs bonnes vie & mœurs, portant consentement de servir où bon leur semblera, seront tenus lesdits Garçons & les Marchands, auquel ce refus aura été fait, d'en porter leurs plaintes aux Maîtres & Gardes en leur Bureau, où les Marchands refusans seront mandez pour dire les causes de leur refus ; & faute par eux de le faire, les Maîtres & Gardes pourront donner aux Garçons leur consentement de se pourvoir d'autres Marchands & y faire le service, sans que les Marchands d'où ils seront sortis puissent inquiéter ceux au service desquels ils seront entrez, dont & de quoi il sera fait mention sur le Registre, & le double délivré aux Marchands & aux Garçons, le tout sans frais.

VII.

Et d'autant que le service de quatre ans tient lieu d'apprentissage aux Garçons Marchands de Vins, seront tenus lesdits Garçons de leur porter honneur & respect, & de les servir avec affection & fidelité, en tout ce qui dépendra dudit Commerce ; & au cas qu'il y ait des plaintes faites contr'eux aux Maîtres & Gardes de leur mauvais service & d'infidelitez prouvées, ils seront exclus du service & de la qualité de Marchand, & même sera procedé contr'eux par voye de Justice s'il y écheoit.

Sur lesquels représentations & Articles, lesdits Maîtres & Gardes demandent l'avis de la Compagnie.

Sur quoi la Compagnie a déliberé & arrêté d'une commune voye, que lesdits représentations & Articles sont justes & très utiles au Corps & aux Garçons des Marchands, qu'ils doivent être transcrits sur le Livre des Délibérations ; mais qu'avant d'en poursuivre l'homologation, attendu que tout le Corps est interessé dans l'exécution desdits Articles, il est préable d'assembler la plus saine partie des Anciens, Modernes & Jeunes Marchands du Corps, pour avoir leur avis & consentement d'en poursuivre l'effet.

Et le 16. dudit mois Messieurs les anciens Grands Gardes, anciens Maîtres & Gardes, & les Anciens, Modernes & Jeunes Marchands de Vins du Corps, convoquez par Billets, & assemblez au Bureau en la maniere accoûtumée, en conséquence de la Délibération cy-dessus; lecture a été faite d'icelle des representations & Articles qui la précedent, & l'avis demandé par Messieurs les Grands-Gardes, & Maîtres & Gardes en Charge, tous ont été d'un avis unanime que rien n'est plus interessant pour tous les Marchands du Corps que l'exécution du contenu ausdits Articles; que la poursuite pour l'homologation n'en doit point être differée; à l'effet de quoi donnent tout pouvoir nécessaire à Messieurs les Maîtres & Gardes en Charge d'en poursuivre l'homologation, & d'en faire imprimer l'Arrêt pour être distribué à tous les Marchands dudit Corps, & à leurs Garçons pour s'y conformer, & ont signé.

Moreau.	Niverd.	Poupardin.
Copineau.	Sizeau.	Bailly.
Gillet.	Baroche.	Perinet.
Puchullu.	Morelle.	Fresson.
Thereau.	Giraud.	Girard.
Brisset.	Du May.	J. le François
Vancquetin.	E. Davril.	Perinet.
Pignon.	M. Falluet.	Salaville.
Chauveau.	Grossetête.	Pellier.
N. Eleury	Millet.	L. Née.
Gueron.	Davril.	Pinot.
Ronceray.	De la Maison.	Garnier.
Germain.	Coarnot.	Robin.
Pilleron.	C. N. Lardin.	A. Boutron.
Du Croux.	M. Renault.	Aubourt.
Houdas.	P. Huault.	E. Boutron.
Avrillon.	N. Huault.	Manicat.
Le Doux.	Caillieux.	Le Payge.
More.	Gradot.	De Baume.

Bruzard.
Darlot.
Vignon.
B. Chevalier.
Baudouin.
N. A. Duval.
Des Saigles.
Thieriat.
Falluet.
Morelle, *le jeune.*
Berthelot.
Foulley.
J. Guivernet.
Tisserand.
P. A. de la Marre.
Touchain.
De Mine.
Duhamel.
Le Clerc.
Collet.
J. Georges.
Durand.
Martin.
Pellery.
Adeline.
Moreau.
Majotin.
Moreau.
R. le Merle.
Motte.
Chapotin.
J. Branche.
Prousteau.
Lombard.
M. Potteau.
Le François.
Gonet.

Perrinet.
Forget.
Le Roy.
Le Comte.
Lamblin.
Le Gendre.
Durville.
Estave.
Le Givre.
Bernard.
D. Perinet.
Guimet.
Girard.
R. Lemain.
Rive.
N. Esme.
Hamel.
Durand.
Patineau
Cramaillard.
F. Maison.
Michegaut.
Le Vacher.
Thiebaut.
Jolly.
Perillon.
Le Comte.
Naudin.
L'Hoime.
Le Clerc.
E. Richon.
Laisement.
Jourdin.
Dabit.
Dunet.
Houy.
L. Butteux.

F. Montagne.
Le Sourd.
Girouard.
Raveau.
Gillet.
Le Grand.
Cornet.
Cottin.
Matthieu.
Le Comte
C. Gaufre.
P. Garnier.
J. Junot.
Brouttier.
More.
E. Houard.
Bigot
Du Buisson.
P. Barry.
Robinot.
L. Rachard.
Mopinot.
Chartier.
Boileau.
Martin.
Morisset.
Hourlier.
Piquais.
J. Doublet.
Le Grand.
Cazier.
Guitot.
E. Retif.
Trinquart.
Foutier.
Duval.
C. Bertrand.

C. Thevenin.	De la Cour.	Bernard.
Leger.	F. Lalignan.	Ligeon.
Jacob.	V. Talon.	Regnaudeau.
Raveneau.	Lamy.	Rousseau.
Videcocq.	De la Transoniere.	Ladrée.
Seguin.	P. Chenu.	Minot.
Murot.	Girardin.	Thomas.
De Lanoüe.	Huzard.	Bonvoisin.
Bochard.	F. Martin.	De Roussy.
P. Labbé.	Vigreux.	Buard.
Le Merle.	Joyard.	Montel.
G. Sifflet.	Godbin.	Chastelet.
Fontaine.	De Noirettre.	Preslier.
N. Guyot.	Gerin.	H. Seguin.
E. le Clerc.	Grosse.	Lucasseau.
Loison.	Poussot.	Desmarois.
Durand.	Laboureur.	Souchet.
Richard.	Bruzare.	Regnaudot.
Dolbot.	Ardelu.	Morice.
Descaves.	Falluet.	Rahir.
Tanqueray.	F. Gaucherot.	A. Roussel.
Darlot.	Ducy.	Parré.
Burniere.	Jousse.	Chrétien.
E. Quartier.	Molet.	Potté.
Galland.	Baron.	Novion.
Guilleaume.	Jaquin.	Mouillot.
Pointeau.	P. G.	Sabourdy.
Girard.	Guigneux.	J. H. Prieur.
Desenclos.	Le Cocq.	Rahire.
Le Roy.	G. Girard	Millon.
Guette.	Le Fevre.	Fromentin.
Paris.	Maltête,	Doliger.
P. Tesson.	Mauvais.	Chartier.
D. Dubourg.	Blanchet.	N. Camus.
Rocher.	Grassin.	E. Rogé.
Bouchet.	F. Lucas.	E. Génévrié.
Hauzard.	Maltête.	Mairar.

L. Flichet.	N. Velvot.	E. Galois.
Berthe.	L. Ladoué.	Capitaine.
Blondeau.	Chambon.	C. Seguin.
Godefroy.	Semel.	Charité.
Senicourt	Mazurié	Martin.
Caquille.	J. G. Delisle	Bourgouin.
Martin.		

Contrôllé à Paris ce 25. Février 1730. *signé*, BLONDELU, reçû 12. sols.

Extrait du Livre des Délibérations du Corps des Marchands de Vins de Paris, certifié véritable & delivré par Nous Maîtres & Gardes en Charge dudit Corps, en notre Bureau, ce 9. Février 1730. *signé*, HOUDAS, AVRILLON, MORELLE, M. CHARLES, MORE & FLEURY.

LA Cour homologue lesdites Délibérations pour être exécutées selon leur forme & teneur; mandons mettre le présent Arrêt à exécution; de ce faire donnons pouvoir. En Parlement ce trente-un Mars mil sept cens trente, & de notre Regne le quinziéme, collationné, *signé* NIVERD.

Par la Chambre, *signé*, ISABEAU.

ARREST
DU CONSEIL D'ETAT,

Qui authorise la seconde Visite jusqu'au remboursement de quatre-vingt-quatre mille quatre cens quatre-vingt livres payez pour le Joyeux Avenement.

EXTRAIT DES REGISTRES du Conseil d'Etat.

Du neuviéme Mars 1728.

SUR la Requête présentée au Roy en son Conseil par les Maîtres & Gardes des Marchands de Vins de la Ville & Fauxbourgs de Paris; Contenant que leur Corps ayant été compris au Rôlle arrêté au Conseil pour le droit de Confirmation à cause de l'heureux avenement de Sa Majesté à la Couronne, sur le pied de trois années de Capitation & des deux sols pour livre du principal, ils ont en exécution de l'Arrêt du 7. Juin dernier fait leur soumission de la somme de 84480. livres, tant en principal que deux sols pour livre, & porté dans le premier délai prescrit par cet Arrêt à la Caisse de Jean-Baptiste Hermant, préposé au recouvrement dudit droit de Confirmation, celle de vingt-un mille trois cens cinquante-cinq livres huit sols, en Certificats de retenues de gages à eux dûs par Sa Majesté pour les années 1724, 1725, 1726, & 1727. & qu'elle a bien voulu recevoir comme especes à compte de la moitié & des deux sols pour livre de leur taxe: Et comme ils sont hors d'état d'imposer sur eux ce qu'ils doivent de reste, & que d'ailleurs ils ont besoin d'être indemnisez des sommes qu'ils ont deja payées, lesquelles étoient affectées au remboursement de leurs Créanciers, ils ont supplié Sa Majesté de leur permettre de faire une seconde Visite générale par chacun an dans toutes les Maisons & Caves des Marchands de Vins de la Ville & Fauxbourgs de Paris, & de percevoir pour cette seconde Visite cinquante-deux sols par chacune Maison & Cave, à raison d'un sol par semaine sur le même pied de la Visite qui se fait annuellement, laquelle ne suffit pas pour prévenir les fraudes & les contraventions ausquelles leur Commerce est tous les jours exposé, à la charge que ladite seconde Visite, & le droit de cinquante-deux sols établis en conséquence demeureront éteints & supprimez après le payement des 84480. livres qu'on leur a demandé pour le droit de Confirmation. Vû ladite Requête, la Déclaration de Sa Majesté du 27. Septembre 1725. pour le payement du droit de Confirmation à cause de son heureux avenement à la Couronne, le Rôlle arrêté au Conseil le May 1726. l'Arrêt du Conseil du 7. Juin 1727. la Délibération de la Communauté des Marchands de Vins du 6. Juin dernier, ensemble l'avis du Sieur Herault, Maître des Requêtes, Lieutenant Général de Police de la Ville, Prévôté & Vicomte de Paris. OUY, le Rapport du Sieur le Pelletier, Conseiller d'Etat ordinaire & au Conseil Royal, Controlleur Général des Finances: LE ROY EN SON CONSEIL, a ordonné & ordonne qu'il sera fait une seconde Visite générale par chacun an dans toutes les Maisons & Caves des Marchands de Vins de la Ville & Fauxbourgs de Paris; & que pour droit de cette seconde Visites, il sera perçû par les Gardes en Charges chaque année cinquante-deux sols par chacune Maison & Cave à raison d'un sol par semaine; ainsi & de la même maniere qu'ils se perçoivent pour la Visite qui se fait annuellement depuis l'établissement du Corps; du produit duquel droit de cinquante-deux sols, ensemble de celui du premier, les Gardes Comptables en Charge chaque année seront tenus de compter par devant le Sieur Lieutenant Général de Police de la Ville de Paris. Et après l'entier payement des 84480. livres qui leur ont été demandées pour le droit de Confirmation, ladite seconde Visite & le droit établi en conséquence demeureront éteints & supprimez en vertu du présent Arrêt, & sans qu'il en soit besoin d'autre. Enjoint Sa Majesté au Sieur Herault, Lieutenant Général de Police, de tenir la main à son exécution, nonobstant opposition ou appellation quelconques; & si aucunes interviennent, elle s'en est réservée à soi & à son Conseil la connoissance, & icelle interdite à toutes ses Cours & Juges. FAIT au Conseil d'Etat du Roy, Sa Majesté y étant, tenu à Versailles le neuviéme jour de Mars mil sept cens vingt-huit. *Signé* PHELYPEAUX.

LOUIS, par la grace de Dieu, Roy de France & de Navarre: A notre amé & féal Conseiller en nos Conseils, le Sieur Herault, Lieutenant Général de Police de la Ville, Fauxbourgs & Prévôté de Paris, Nous vous mandons & enjoignons par ces Présentes signées de Nous, de tenir la main à l'exécution de l'Arrêt cy-attaché sous le contre-scel de notre Chancellerie, ce jourd'hui donné en notre Conseil d'Etat, Nous y étant, sur la Requête des Maîtres & Gardes des Marchands de Vins de notre Ville & Fauxbourgs de Paris: Commandons au premier notre Huissier ou Sergent sur ce requis, de signifier ledit Arrêt à tous qu'il appartiendra à ce que personne n'en ignore, & de faire pour son entiere exécution tous Actes & Exploits nécessaires sans autre permission: CAR tel est notre plaisir. DONNÉ à Versailles le neuviéme jour de Mars l'an de grace mil sept cens vingt-huit, & de notre Regne le treize. *Signé*, LOUIS, & plus bas par le Roy, PHELYPEAUX, & scellé du grand Sceau de cire jaune.

Quittances de Finance pour le Joyeux Avenement de Louis XV.

J'Ay reçû du Corps des Marchands de Vins de la Ville & Fauxbourgs de Paris, la ſomme de ſoixante-ſeize mille huit cens livres, à laquelle ils ont été taxez au Conſeil du Roy, pour le droit de Confirmation dû à Sa Majeſté, à cauſe de ſon avenement à la Couronne, pour leurs Privileges, ſuivant & conformément à la Déclaration du 27. Septembre 1723. & Arrêts rendus en conſéquence. Fait à Paris le ſixiéme jour de Mars mil ſept cens trente. *Signé* Bertin.

Je ſouſſigné Jean-Baptiſte Hermant, chargé par Arrêt du 7. Juin 1727. du recouvrement du droit de Confirmation dû au Roy à cauſe de ſon avenement à la Couronne, en exécution de la Déclaration de Sa Majeſté du 27. Septembre 1723, & Arrêts rendus en conſéquence, confeſſe avoir reçû du Corps des Marchands de Vins de ladite Ville & Fauxbourgs de Paris, la ſomme de ſept mille ſix cens quatre-vingt livres pour les deux ſols pour livre de celle de ſoixante-ſeize mille huit cens livres, à laquelle ils ont été taxez au Conſeil du Roy, Rôlle du 29. Novembre 1729. Art. 8. De laquelle ſomme de 7680. liv. je quitte leſdits Marchands de Vins & tous autres. Fait à Paris le ſix Février mil ſept cens trente. *Signé* De Ponteau pour Monſieur Hermant.

www.ingramcontent.com/pod-product-compliance
Lightning Source LLC
LaVergne TN
LVHW020328230826
846091LV00003B/810
9782329754574